만국공법

한국개념사총서 | 1 |

만국공법

김용구 지음

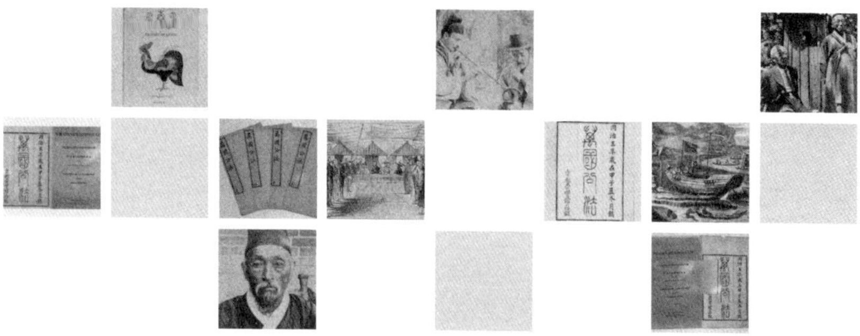

小花

한국개념사총서 ❶
만국공법

초판 4쇄 발행 / 2021년 9월 21일

지은이 / 김용구

펴낸이 / 고화숙
펴낸곳 / 도서출판 소화
등록 / 제13-412호
주소 / 서울시 영등포구 버드나루로 69
전화 / 02-2677-5890
팩스 / 02-2636-6393
홈페이지 / www.sowha.com

값 16,000원

ISBN 978-89-8410-338-2 94300
ISBN 978-89-8410-337-5(세트)

|『한국개념사총서』 발간사|

19세기 중엽부터 우리 사회에 격랑을 몰고 온 인문 · 사회과학의 개념들에 관하여 혼돈 상태가 아직도 계속되고 있습니다. 몇 가지 예를 들어 봅니다. 민족과 민족주의, 근대국가와 주권, 자주와 독립 같은 핵심 개념들조차 비학문적으로 사용하고 있습니다. 이탈리아에서 19세기 통일 운동 이전의 민족과, 부활리소르지멘토을 지향하는 민족주의 운동의 원동력이 된 민족은 서로 구별됩니다. 근대국가는 서유럽에서 등장한 독특한 정치사회의 한 형식이며, 이 형식을 지탱하는 것이 주권 개념입니다. 주권은 서양의 중세 사회나 동양의 사대 질서에서 보는 통치권과는 다른 차원의 개념입니다. 자주와 정교금령은 사대 질서의 개념이며, 독립과 내치외교는 서양 공법 질서의 개념입니다. 이런 역사적 개념을 서로 구별하지 않는 것은 반反역사적은 아닐지라도 비非역사적입니다.

인문 · 사회과학의 개념은 정태적인 것이 아니라 정치 · 사회운동을 함축하고 있는 역동적인 성격을 지니고 있어서 개념사 연구는 정치 · 사회제도의 분석을 전제로 합니다. 그리고 개념들은 장소*topos*와 시간*tempo*에 따라 그 성격이 다르기 마련입니다. 그런데 이 지적 작업을 수행하는 데 세계 정치의 중심 지역 학자들보다 훨씬 어려운 위치에 놓여 있다는 것이 우리 한국 학계의 고민입니다.

우리는 외국 학자들처럼 개념의 공시적이고 통시적인 분석, 의미론이나 명의론에 안주할 수 없습니다. 우리는 여러 장소의 개념들의 충돌을 연구해야만 합니다. 더욱이 우리의 한반도는 독특한 역사적 성격을 지닌 장소입니다. 유럽 열강의 세계 팽창 대상 지역 중에서도 오지奧地에 속하는 곳입니다. 오지의 특징은 외래 개념에 대한 저항과 오해가 그 어느 지역보다 강렬하다는 데에 있습니다. 저항이 강하다는 것은 이미 지켜 온 개념들에 대한 집착이 강하다는 것을 의미합니다. 이른바 가정假晶, pseudomorphosis의 현상이 두드러진 곳입니다. 가정은 광물이 그 내부 구조에 따른 본래의 결정형과는 다른 결정형을 나타내는 현상을 지칭하는 광물학의 용어입니다. 다른 장소의 개념이 전파되는 경우, 본래의 의미가 왜곡되는 사회현상을 은유적으로 표현하기 위해 슈펭글러O. Spengler가 광물학에서 차용한 낱말입니다. 이런 점에서 한반도는 중국이나 일본과도 판이한 역사적 경험을 지니게 되었습니다. 오지라는 장소의 특징은 시간의 역사적 성격에도 반영됩니다. 세계정치 중심 지역의 개념들이 뒤늦게 전파되는 특징을 지니고 있습니다. 오지와 세계사의 접목은 세계사 흐름의 최후 단계에 이루어져서 오지의 세계화는 난항을 겪게 됩니다.

그런데 한반도의 장소적인 특징은 여기에 머물지 않습니다. 같은 동북아 질서에 속하였던 중국과 일본의 변모로 동북아 삼국 사이에도 개념의 갈등이 야기됩니다. 교린 질서 안에 살고 있던 한국과 일본은 1868년부터 개념의 충돌이 시작되어 1876년까지 8년의 위기를 맞습니다. 이 위기를 거치면서 일본은 개념의 세계화 노력에 박차를 가하고 이런 개념에 의한 담론을 세계에 전파합니다.

같은 사대 질서에 살고 있던 중국이 1880년을 전후하여 사대 질서의 변형을 주장해 한국은 중국과 충돌하고 그리고 고민합니다. 유길준의 '양절체제兩截體制'라는 천재적인 직관은 사대 질서의 개념들을 서양 공법 질서의 개념으로 전환시키려는 중국에 대한 우리의 처절한 저항입니다.

이런 역사적 특징을 지닌 한반도라는 장소에서 인문·사회과학의 근대적인 기본개념 형성에 중요한 시기*tempo*는 1850년에서 1950년에 이르는 1백 년이라고 생각합니다. 이질 문명권과 만나 충돌하면서 동시에 동북아 삼국 사이에 개념의 마찰이 병행하는 시기입니다. 이 시기의 개념들은 크게 세 부류로 나눌 수 있습니다.

첫째, 19세기 중엽 이전 우리에게는 알려지지 않았던 새로운 사회현상들의 전파 양상을 가리키는 개념들이 있습니다. 이런 생소한 유럽 학문 체계상의 개념들에 대한 오해는 아직도 존재하고 있습니다.

둘째, 19세기 이전에 사용되었던 개념 가운데 그 본래의 내용이 굴절되어 새로운 현상을 지칭하게 된 개념들이 있습니다. 본래의 의미와 굴절된 내용이 혼재하게 됩니다.

셋째, 19세기 중엽을 전후하여 사라진 개념들이 있습니다. 통용의 중단이 일시적인 것도 있고 다시 부활하는 경우도 있습니다. 어떤 경우이건 스스로 일어난 것이 아니라 그 배경에는 사회적인 격동이 있습니다.

이런 개념사 연구를 우리는 어떤 시각에서 어떻게 서술해야 합니까?

시간의 문제에 대해서는 공시적이고 통시적인 분석을, 그리고 장소의 문제에 관해서는 비교문명권의 입장에 입각해야 한다고 생각합니다. 우리는 이런 방법론에 따라 다음과 같은 순서로 주요 개념들을 서술할 것입니다.

먼저 동서양의 어원을 고찰합니다. 어원은 통시적 분석의 출발점입니다. 개념이 19세기 이전에도 동양 세계에서 통용된 경우에는 그 동양적인 의미와 19세기 이후의 변천 과정을 추적합니다. 그리고 19세기 중엽 새로 동양에 전파된 서양의 개념인 경우에는 서양 세계에서 통용된 의미와 동양에 전파되는 과정을 추적합니다.

그러나 서술의 중심은 한반도라는 장소에서 일어난 개념들의 해석, 번역, 굴절, 선택, 그리고 오해를 포함한 모든 충돌 현상에 관한 분석입니다. 그리고 1950년 이후 이 개념들이 한국 학계에 정착되는 데에 따르는 오늘날의 문제점들을 제시합니다. 정착 문제는 우리 학계의 수준을 폭로하는 일입니다.

이렇게 볼 때 개념사 연구는 인문 · 사회과학의 모든 분야에 걸친 연구입니다. 이른바 '전체의 역사l'histoire totale'를 시도하는 지적 작업입니다. 이런 학술 사업을 진행하기에는 우리 학계의 수준이 아직 일천하다고 걱정하는 소리도 있습니다. 그리고 개념사 연구 자체에 관한 회의와 냉소도 있습니다. 그러나 한국이라는 장소*topos*의 인문 · 사회과학 기본 개념에 관한 연구는 단지 학문상의 문제만이 아닙니다. 이 연구는 우리의 생존에 관한 현실적인 문제이기도 합니다. 개념의 정확한 인식에 의한 학술적인 담론의 세계화는 21세기에 우리가 한반도에서 한국적인 삶을 영위하기 위한 전제 조건입니다. 담론의 세계화를 이룩하지 못한 것이 1910년의 불행을 자초한 한 원인이기 때문입니다.

2008년 8월

한림대학교 한림과학원

한국개념사총서 편집위원회위원장 김용구

| 저자의 말 |

45년 전 석사과정 시절에 대학 도서관 서가에서 빛바랜 한적漢籍 하나를 만난 적이 있다. 『만국공법』이라는 생경한 표지를 아직도 기억한다. 우연이지만 귀중한 만남이었다. 지금 생각해 보면 1864년 초판본은 아니고 그후에 나온 해적판의 하나였다.

그후 필자는 서양 정치사상, 한국 · 세계 외교사, 공산주의 국제법, 구소련의 외교정책사를 넘나들면서 지적인 방황을 계속하였다. 그러나 젊은 시절 뇌리에 각인된 『만국공법』은 잊을 수가 없었다. 한국 외교사와 세계 외교사의 접목 문제에 관심을 두면서 유럽 학계의 개념사 연구에 주목하게 되자 『만국공법』 문제의 중요성을 새롭게 인식하게 되었다.

1993년 청명靑溟 임창순任昌淳 선생 팔순 기념논문집에 설익은 글을 발표하고 오래된 만남의 빚을 남몰래 갚았다고 착각하였다. 그러나 현실은 필자를 여기에 머물게 하지 않았다. 어느 날 학과 사무실에 모여 필자의 이 하찮은 글을 윤독하고 있는 학생들을 보고 놀라지 않을 수 없었기 때문이다. 후배들을 오도하고 있다는 자책감을 금할 수 없었다. 보다 본격적인 글을 준비해야 한다고 생각해 세상에 내놓은 것이 이 책이다. 오래전 우연의 만남이 소중한 계기가 되었다.

만국공법이란 낱말은 이질 문명권의 정신 구조들이 서로 충돌하던 19세기 말에 한때 유행하던 용어였다. 일본 학계에서 사용하던 국제법이란 호칭에 밀려 학문 세계에서 사라진 진부한 고유명사가 되었으나, 서양의 공법과 동양의 예禮 질서의 충돌을 웅변적으로 말해 주고 있다.

19세기에는 국제사회 행위자들 관계를 연구하는 학문 분과를 외교사, 공법, 국제법이라고 일컬었다. 국제정치는 20세기에 등장한 새로운 용어이다. 따라서 만국공법을 공법, 국제법, 국제정치 모두를 지칭하는 학술 용어로 사용하였다.

필자는 이 책을 준비하는 과정에서 여러 후배 교수들의 도움을 받았다. 그러나 '전화번호부'와 같이 그 분들의 이름을 열거하는 것이 도리어 누가 될까 하여 생략하기로 한다.

2008년 8월

봉의산 기슭에서 김용구

차례

同治三年歲在甲子孟冬月鐫
萬國公法

| 범례 |

1. 조선은 1895년에, 중국은 1912년에, 그리고 일본은 1872년에 양력을 채택하였으나 이 책에서는 그 이전의 음력을 모두 양력으로 환산해 적었다. 그러나 독자들이 동양 자료를 검색하는 데 도움을 주기 위해 중요한 날짜인 경우 음력을 병기하였다. 1917년 러시아 혁명 이전의 제정 러시아력(曆)도 양력으로 환산하였다. 제정 러시아력은 양력보다 12일이 앞서 있다.
2. 중국과 일본의 인명, 지명은 모두 원음으로 표기하였다. 러시아어의 영문 알파벳 전자(轉字)는 *The Current Digest of Post-Soviet Press* 방법에 의거하였다. 한글 표기는 한국 교육인적자원부 편수자료에 따랐다. 그러나 각 장 말미에 실린 「주요 문헌」 중 중국과 일본의 연구들은 한글음 순서에 따라 배열하였다.
3. 『만국공법』이 출간된 이후 중국과 일본 전파 과정에 관해서는 필자가 이미 밝힌 바 있어서 [김용구(1997a), pp.114~175; 김용구(1997b); 김용구(2001a), pp.253~262, 327~335] 이 책에서는 생략하였다.
4. 『만국공법』과 만국공법을 구별해 사용하였다. 전자는 1864년 마틴이 한역한 서적을 가리키는 고유명사로, 후자는 유럽 국제법 일반이나 유럽 공법이 동북아에 전래된 현상을 의미하는 보통명사로 사용하였다.
5. 마틴이 휘튼의 저서를 『만국공법』이라고 번역한 것은 자연법적인 색채를 가미시킨 것이다. 『공법편람』 「범례」에 법이라고 말한 것은 각국이 반드시 받드는 것이고, 공이라고 말한 것은 한 나라가 자기 것으로 하지 않는 뜻이라고 적고 있다. 그러나 19세기 유럽에서 공법(droit public)은 국제법을 지칭하는 낱말이어서 결과적으로 마틴의 번역은 정곡을 찌른 낱말이 되었다.

| 서론 |

1863년 9월 10일은 동서양 개념 충돌의 역사적인 날이다.[1] 휘튼 H. Wheaton의 국제법 저서를 한역漢譯한 초본을 들고 중국 주재 미국 공사관의 중국어 통역관이자 선교사인 35세의 마틴W. A. P. Martin (1827~1916)이 미국 공사 벌린게임A. Burlingame을 따라 총리각국사무 아문總理各國事務衙門[2]을 방문하였다. 이날의 만남으로 『만국공법』이

1. 마틴이 총서를 방문한 날짜에 관해서는 마틴 자신의 기록인 Cycle(1897, p.233)에는 11월이라고 적혀 있다. 그런데 1864년 1월 8일자 *New York Times*에 마틴이 기고한 글에는 1863년 9월 10일이라고 정확한 날짜를 쓰고 있다. Covell(1978) p.164, note 102.
   그러나 공친왕의 상주문은 마틴을 만난 날을 1863년 음력 9월이라고 적고 있어서 양력 9월 10일인지도 불확실하다. 『籌辦夷務始末』 5, p.677.
2. 총서(總署)나 총리아문(總理衙門)으로 약칭되는 총리각국사무아문이란 새로운 기구는 1860년 10월 베이징(北京) 조약으로 중국이 서양 국제법 질서에 완전히 편입되어 대외관계 업무가 급증함으로써 1861년 1월에 설립된 중국 외무부의 전신이다.

라는 전대미문의 서적이 발간되어 동서양 국제정치 개념 충돌의 시대가 열리게 된다. 충돌clash은 이질 문명권 개념들의 만남이어서 저항, 오해, 굴절, 그리고 선택이 동반된다. 한 문명권 안에서 일어나는 개념들의 전이轉移 · transfer 현상과는 다르다.

마틴이 총서를 찾아갔을 당시 그 책임자인 총령대신總領大臣은 공친왕恭親王 이신奕訢이었다. 이신은 도광道光 황제의 아들로 함풍咸豊 황제의 이복동생이자 광서光緖 황제의 숙부이다. 그리고 그의 생모가 바로 서태후였다. 일개 선교사 마틴이 지금 이신과 만나고 있는 것이다. 총령대신 밑에는 여섯 명의 대신들이 있었는데 만국공법 문제에 관해 특히 관심을 보인 이는 원샹文祥과 동순童恂이었다. 원샹은 군기대신軍機大臣이자 호부좌시랑戸部左侍郎으로 후술하는 바와 같이 마틴에게 만국공법에 관해서 여러 질문을 직접 던지기도 하였다. 『만국공법』에 서문을 쓴 동순은 『만국공법』이 발간되자 그 책을 손에 들고 축하 기념 촬영에 나서기도 하였다.

사대 질서의 세계에 서양 공법 질서에서 통용되었던 이질적인 개념들이 무차별 전파되어 두 질서의 개념들이 투쟁하게 되었다. 투쟁의 대표적인 현상이 조선에서는 개화파와 위정척사파의 대립으로 나타난다. 이런 현상은 동북아시아에 국한된 역사적 현실은 아니고 유럽 세계가 세계로 팽창하면서 나타난 일반적 현상의 하나에 불과하다. 18세기 이래 슬라브 세계에 나타나 현재까지 러시아 정신세계를 지배하고 있는 유럽주의자zapadnik와 슬라브주의자slavyanofil의 대립도 같은 맥락의 현상이다.

개념은 특정한 사회 현상을 인식하는 단어들 속에 함축된 여러 역사적 의미와 경험들이 하나의 단어로 응축되어 그 사회 구성원들이 타당하다고 인식하는 경우에 발생한다. 새로이 발생한 개념은 기존의 개념과 대립하여 다시 새로운 개념의 탄생을 예고한다. 따라서 개념은 그것을 사용하고 주장하는 집단이나 계층의 가치관을 반영하고 장소topos와 시간tempo에 따라 달라지기 마련이어서 유럽과 비유럽 세계의 개념 분석 방법론의 차이점이 있는 것은 당연하다.

유럽 학자들은 유럽이라는 하나의 장소에서 일어난 개념들의 시간 분석에 치중하거나 개념에 관한 유럽의 역사나 유럽 안의 전이 현상만 분석하는 데에 만족할 수 있다. 역사적 변화를 고려하지 않고 한 시대 개념의 언어 구조를 분석하는 공시적共時的 · synchronic 분석이나 한 개념의 역사적 변화를 추적하는 통시적通時的 · diachronic 분석도, 그리고 한 개념에 관한 모든 의미를 분석하는 의미론意味論 · semasiology이나 같은 개념의 모든 명칭을 연구하는 명의론名義論 · onomasiology도 비유럽 학자들보다는 용이하게 접근할 수 있다.

여기에 유럽중심주의의 독특한 인식론이 있다. 현재 유럽 학계의 기념비적인 연구로 알려진 코젤렉R. Koselleck의 『역사의 기본개념 *Geschichtliche Grundbegriffe*』이나 라이하르트R. Reichardt가 편집하고 있는 『프랑스 정치 · 사회 기본개념 편람*Handbuch Politischer-Sozialer Grundbegriffe in Frankreich, 1680~1820*』도 같은 인식론에 입각하고 있다.

그러나 비유럽 지역, 특히 사대 질서의 천하에 속했던 지역에서는 여러 장소의 개념들이 충돌하는 지역으로 장소와 시간의 문제가 유럽과는 판이한 성격을 지니고 있다. 이런 충돌의 국제정치적 현실이 동북아에 나타나기 시작한 극적인 시점이 바로 1863년 9월 10일이었다.

한반도는 유럽 열강의 세계 팽창 대상 지역 중에서도 오지奧地 ·

hinterland/borderland라는 독특한 역사적 성격을 지닌 장소이다. 오지는 유럽 열강의 공권력이 침투하기 이전에 사적私的인 집단들이 노략질의 대상으로 여긴 지역이다. 이런 오지의 특징은 외래 개념에 대한 저항과 오해가 그 어느 지역보다 강렬하다는 데에 있다. 저항이 강하다는 것은 이미 지켜 온 개념들에 대한 집착이 강하다는 것을 의미한다. 이른바 가정假晶·pseudomorphosis의 현상이 두드러진 곳이다. 가정은 광물이 그 내부 구조에 따른 본래의 결정형과는 다른 결정형을 나타내는 현상을 지칭하는 광물학의 용어이다. 다른 장소의 개념이 전파되는 경우 본래의 의미가 왜곡되는 사회 현상을 은유적으로 표현하기 위해 슈펭글러O. Spengler가 광물학에서 차용한 낱말이다.

한반도의 장소적인 특징은 여기에 머물지 않는다. 같은 동북아 질서에 속하였던 중국과 일본의 변모로 동북아 3국 사이에도 개념의 갈등이 야기되었기 때문이다. 교린 질서 안에 살고 있던 한국과 일본 사이에 1868년부터 개념의 충돌이 시작되어 1876년까지 8년의 위기를 맞는다. 이 위기를 거치면서 일본은 개념 담론의 세계화 노력에 박차를 가하고 이를 세계에 전파한다. 같은 사대 질서에 살고 있던 중국이 1880년을 전후하여 사대 질서의 변형을 주장해 한국은 중국과 충돌한다. 유길준俞吉濬의 '양절체제兩截體制'라는 천재적인 직관은 사대 질서의 개념들을 서양 공법 질서의 개념으로 전환시키려는 중국 정책에 대한 조선 지식인의 저항이다.

오지라는 장소의 특징은 시간의 역사적 성격에도 반영된다. 세계정치 중심지역의 개념들이 뒤늦게 전파되는 특징을 지니고 있다. 오지와 세계사의 접목은 세계사 흐름의 최후 단계에 이루어져서 오지의 세계화는 난항을 겪기 마련이다.

이런 역사적 특징을 지닌 한반도에서 인문 · 사회과학의 근대적인 기본개념 형성에 중요한 시기는 1850년에서 1950년에 이르는 100년이다. 이질 문명권과 만나 충돌하면서 동시에 동북아 삼국 사이에 개념의 마찰이 병행하는 시기이다. 이 시기의 개념들은 크게 세 가지 부류로 나눌 수 있다.

첫째, 19세기 중엽 이전 우리 사회에 알려지지 않았던 새로운 사회 현상들이 전파된 현상을 가리켜 우리에게는 생소한 개념들이 있다. 유럽 학문체계의 이런 개념들에 대한 오해는 아직도 존재하고 있다.

둘째, 19세기 이전에 사용되었던 개념들이 그 본래의 내용이 굴절되어 새로운 현상을 지칭하게 된 개념들이 있다. 본래의 의미와 함께 굴절된 내용이 혼재하게 된다.

셋째, 19세기 중엽을 선후하여 사라진 개념들이 있다. 통용의 중단이 일시적인 것도 있고 다시 부활하는 경우도 있다. 어떤 경우이건 스스로 일어난 것이 아니라 그 배경에는 사회적인 격동이 있게 마련이다.

이와 같이 19세기 중엽 이후 100년은 한국 인문 · 사회과학 개념 형성에 중요한 시기라고 볼 수 있다. 독일의 개념사 학파가 독일어 사용지역에서 근대적인 개념들이 형성되었다고 주장하는 1750년에서 1850년 동안의 100년에 비유될 만하다.

만국공법은 위 세 부류 중 첫 번째 유형에 해당되는 개념이다. 조선은 사대 질서에서는 상상할 수 없었던 이질 문명권과의 관계를 만국공법이라는 개념으로 규율해야 한다는 현실에 직면하게 되었다. 이런 현실은 기본적으로는 유럽 세계를 어떻게 인식해야 하느냐 하는 데에 있다. 따라서 개념으로서의 만국공법은 처음부터 투쟁을 함축하지 않을 수 없었다.

이런 투쟁의 개념이 19세기 중반의 조선에서 일어났다는 시기에 유념할 필요가 있다. 정치 명분이 피지배자의 동의에 입각해야 한다는 이른바 민주화 이전의 역사적 단계에 조선은 머물고 있었다. 따라서 계층/계급/성에 따라 만국공법에 관한 인식의 차이가 발생할 여지가 매우 희박하였다. 19세기 조선의 만국공법 문제를 지식인 계층을 중심으로 다루지 않을 수밖에 없는 이유이기도 하다.

조선은 또 36년의 일제 지배라는 독특한 역사적 현실을 경험하였다. 국제사회에서 행위자 역할을 박탈당한 경험이었다. 국제사회의 비행위자에게는 그 사회 행위자들 사이에만 적용되는 법규범은 타파의 대상일 뿐이다. 행위자 복원의 투쟁, 즉 독립 쟁취를 위해서는 만국공법은 중요한 개념이 아니었다. 36년의 시간은 1800년부터 형성된 오지사고를 더욱 심화시킨 결과를 초래하였다.

제2차 세계대전 직후부터 한반도가 냉전의 변경지역에 처하게 되어 오지사고奧地思考의 부정적인 측면이 절정에 달하게 된다. 이 사고의 유형은 몇 가지 특징을 지니고 있다.

첫째, 세계 인식의 타율성이다. 세계정치의 본질을 자신의 문화 수준으로는 이해할 수 없어서 세계 다른 지역의 인식으로 대신하고자 하는 안이한 사고방식이다.

둘째, 세계정치의 중심지역 문화를 편파적으로 수용하는 특징을 지니고 있다. 그리고 본질과 형식의 대립에 있어서 국제정치 구조의 본질을 파악하지 못하기 때문에 국제정치 현상의 형식적인 측면에 치중하게 마련이다.

셋째, 오지사고는 외부 문화 수용의 실패를 모두 세계정치 중심세력에 전가하는 정신 구조이다. 이른바 가정假晶의 현상이 만연된 지역의 사고방식이다. 이런 지역의 국제정치학은 중심의 이론을 번역하거나 시사 해설에 머물지 않을 수 없다.

따라서 우리의 열린 눈으로 세계 문제를 인식하게 된 것은 1991년 이른바 탈냉전 이후의 일이다. 19세기 만국공법이란 새로운 개념이 한반도에 전파, 인식되는 과정을 추적한 이 책을 읽으면서 독자들은 그것이 오늘의 우리 현실을 대변하고 있음을 간파할 것이다. 그리고 우리에게는 19 · 20 · 21세기는 동시대적임을 느낄 것이다. 우리가 19세기 만국공법 문제를 추적하는 학문적 이유가 여기에 있다.

Part 1

사대와 공법

1. 사대 질서

특징

사대 질서의 내용이나 성격에 관해서는 이 책 말미의 「문헌목록」에서 보는 바와 같이 한국, 일본, 그리고 구미 학계에서 여러 입장에서 분석한 상당한 연구들이 축적되어 있다. 그러나 비교문명권의 시각에서 보면 사대 질서라는 국제사회 유형의 핵심적인 특징을 다음과 같이 요약할 수 있다.

첫째, 사대 질서의 행위자들이 행위자로 자처할 수 있으려면 중국이 그런 자격을 인정해야 한다. 이를 책봉冊封의 관계라고 한다. 천자天子, 제후諸侯, 그리고 제후의 신하인 배신陪臣으로 이어지는 중국중심sinocentric의 수직적인 국제질서였다. 이 점이 행위자들이 서로 평등하다고 인식하고 다른 행위자의 승인recognition만으로 행위자로 자처할 수 있는 유럽의 근대 국제사회와는 기본적으로 다른 성격이다.

둘째, 사대 질서의 행위자들은 시간tempo에 관하여 서유럽 국제사회의 행위자들과는 다른 관념을 갖고 있었다. 이를 봉삭奉朔의 관계라고 한다. 중국의 역법曆法을 받아 시행하는 국제사회였다. 사대 질서의 이런 시간 관념은 조선이 1894년 갑오개혁으로, 중국은 1911년 신해혁명辛亥革命으로 양력을 채택하면서 붕괴된다. 청조淸朝의 등장 이래 사대 질서 밖에 있던 일본은 1872년에 이미 양력을 채택해 사대 · 교린 질서 파괴에 앞장서게 된다.

셋째, 국제적인 작위作爲와 부작위不作爲의 명분에 관해서도 사대 질서는 중국중심의 자세한 규정이 있었다. 먼저 제후들은 정기적으로 중국에 조공을 행해야 한다. 제후들의 국왕들은 중국 황제에게 표表와 공貢을 바치며 황제는 이들 공사貢使 일행에게 답례한다. 이것을 조공회사朝貢回賜라고 한다. 현대 용어를 빌리면, 표는 외교문서의 국제적인 형식으로 엄격한 규칙international rules에 따라 작성되었으며, 공은 국제예양國際禮讓 · international comity의 유교적인 표현이었다.[3]

그러면 이런 사대 질서를 유지하여 온 주요한 기본개념들이 무엇인지 살펴보기로 하자.

3. 표(表)와 공(貢)에 관해서도 명, 청의 여러 회전(會典)에 자세히 규정되어 있다. 조선의 경우 『통문관지』, 『증정교린지』에 상세하게 적혀 있다. 메이지 유신 이후 조선과 일본 사이에 8년에 걸친 위기는 표의 양식에 관한 분쟁으로 말미암은 것이었다. 김용구(2006a), pp.415~429.

사대자소

사대 질서를 지탱하고 있는 모든 개념들의 명분은 하夏, 은殷, 주周 3대에 두고 있다. 이런 성격은 『대명집례大明集禮』(1530) 「빈례賓禮」 총서總序[4]에 이미 잘 나타나 있다. 모든 명분을 집약적으로 표현한 것이 "큰 것이 작은 것을 어여삐 여기지 않는다면 작은 것은 큰 것을 섬기지 않는다"[5]라는 사대자소事大字小의 예禮 관념이다.

예는 주실周室과 제후, 제후와 제후, 그리고 중국과 이적夷狄 사이에 적용되어야 할 규범이며 중국적인 천하 개념을 구성하는 기본원리이다. 서양의 용어로 표현한다면 자연법jus naturale에 해당된다.

이웃 나라와 사귀는 방법이 과연 있는가를 묻는 제齊 선왕宣王의 질문에 맹자孟子도 사대자소의 개념으로 다음과 같이 대답하고 있다.

> 오직 어진 사람만이 큰 나라로서 작은 나라를 섬길 수 있습니다. 그렇기 때문에 탕湯 임금은 갈葛나라를 섬겼고, 문왕文王은 곤이昆夷를 섬겼습니다. 오직 지혜로운 사람만이 작은 나라로서 큰 나라를 섬기어 낼 수 있습니다. 그래서 태왕太王은 훈육獯鬻을 섬겼고, 구천勾踐은 오吳나라를 섬겼던 것입니다. 큰 나라로서 작은 나라를 섬기는 것은 하늘의 뜻을 즐기는 것이고, 작은 나라로서 큰 나라를 섬기는 것은 하늘의 뜻을 두려워하는 것입니다. 하늘을 즐기는 사람은 천하를 편안하게 하고, 하늘을 두려워하는 사람은 자기 나라를 편안하게 합니다.[6]

4. 『大明集禮』, 卷三十, 「賓禮」 一, 蕃王朝貢 總序 참조.
5. 『春秋左傳』, 哀公 7年(기원전 489년).
6. 『孟子』, 「齊宣王」.

조공

사대자소의 개념은 그 질서를 구성하는 행위자들의 불평등성을 함축하고 있다. 그 불평등성의 제도적인 표현이 곧 조공제도이다. 조공제도의 원형을 중국 고전의 조근朝覲과 빙문聘問에서 찾을 수 있다. 제후가 천자에게 아뢰는 것을 조朝라고 하는데, 『맹자』에 "제후가 천자에게 조하는 것을 술직述職이라고 한다"[7]라는 말도 이를 가리킨다. 술직이란 자신이 맡은 직무에 관해 천자에게 아뢰는 일을 말한다.[8] 한편 제후가 천자나 패주를 직접 조근하지 않고 경卿이나 대부大夫를 파견하여 아뢰는 것을 빙문聘問이라고 한다. 조근과 빙문의 왕래에는 토산물을 바치며 섬겨야 한다는 이른바 공례貢禮가 뒤따랐는데, 이런 의미에서 중국적 세계 질서를 훗날 조공 질서라고 말하게 되었다.

제후가 조근의 의무를 이행하지 않는 것은 비례非禮이기에 징벌의 대상이었다. 『맹자』에 이르기를 "한 번 조하지 않으면 그 작爵을 내리고, 다시 조하지 않으면 그 지地를 줄이고, 세 번 조하지 않으면 육사六師로서 그 지를 옮긴다"[9]라고 하였다.

주실이 쇠퇴하고 천하의 실권이 패주霸主에게 돌아가자 패주에 대한 조근이 의무로 간주되었고, 이를 어기면 문죄問罪의 대상이었다. 『좌전』은 진晉 문양文襄이 패권을 잡자 제후들은 3년에 한 번 빙聘하고 5년에 한 번씩 조朝하라고 적고 있다.[10] 또 진晉 문공文公 말년에

7. 『孟子』, 「梁惠王」 下.
8. 원래는 계절에 따라 조근의 명칭이 다르게 사용되었다. 봄에 천자에 아뢰는 것을 조(朝), 여름에는 종(宗), 가을에는 근(覲), 겨울에는 우(遇)라고 일컬었다. 『周禮』, 「春官」.
9. 『孟子』, 「告子章句」.
10. 『左傳』 昭公 3年(기원전 538년).

위衛 성공成公이 조근하지 않자 이를 벌伐하였다는 기사나 노魯의 문공文公을 응징하려 하였다는 기사 모두가 이를 가리킨다.[11] 이적夷狄의 출신으로 패주가 된 초楚에 대해서도 조근의 예를 갖추어야 되며,[12] 또한 패주는 아니더라도 대국에 대하여 소국은 조근할 의무가 있는 것으로 여겼다.

행위자의 불평등

사대 질서 행위자의 불평등 개념은 조공제도의 서열화로 이어진다. 먼저 조근의 횟수가 왕기王畿의 중심으로부터, 그리고 그 문화 수준의 정도에 따라 상이하게 규정되었다. 천하를 5개, 6개 또는 9개 지역으로 나누어 관념한 오복론五服論, 육복론六服論, 구복론九服論이 이를 말해 준다. 『상서尙書』 「우공 편禹公編」에 이미 전복甸服, 후복候服, 수복綏服, 요복要服, 황복荒服의 오복론이 나온다. 전복은 주왕周王이 직접 다스리는 중앙지역으로 왕성王城으로부터 사방 500리라고 적고 있다. 후복은 제후가 관할하는 지역이며, 수복은 후복 밖의 지역으로 주왕이 정복하여 평정한 지역이다. 요복과 황복은 수복 밖의 지역으로 야만들이 사는 지역이다. 요복은 비록 이완된 형태이지만 중국의 지배를 받는 만蠻, 이夷가, 황복은 자신들의 독자적인 지배자를 갖고 있는 적戎, 융狄이 살고 있는 지역이다. 적, 융이 중국인이 인식한 천하의 끝이었다.[13] 전 세계를 이렇게 구별하는 것은 물론 하나의 이상형이

11. 『左傳』 文公 元年(기원전 625년), 文公 2年(기원전 624년). 다만 『左傳』이 魯나라 기사이기 때문에 朝라 하지 않고 如[간다]라는 용어를 사용하였다.
12. 『左傳』 襄公 4年(기원전 568년)의 기사에 楚에 朝하지 않은 陳을 伐하는 내용도 같은 맥락이다.
13. 『周禮』에 보이는 구복(九服), 육복(六服)도 같은 맥락의 세계관이다. 구복은 왕기(王畿)를 중심으로 후복(候服) – 전복(甸服) – 남복(男服) – 채복(采服) – 위복(衛服) – 만복(蠻服) – 이복

지만 이런 인식 태도는 계속 견지되어 명, 청의 여러 회전會典들에서 자세히 제도화되었다.

먼저 『명회전明會典』[14]으로 법제화된 조공제도의 서열화를 보자. 명조가 성립된 1368년에서 정화鄭和의 해외 경영이 시작된 1405년까지의 시기를 보면 다음과 같다. 조선朝鮮, 유구琉球, 안남安南 · Vietnam, 점성占城 · Champa, 진랍眞臘 · Cambodia, 섬라暹羅 · Thailand, 그리고 오사장烏思藏 · Tibet과 조공 관계가 빈번하였다. 동남아 지역의 경우도 왕래가 왕성하였다. 중국은 이들 지역과는 오래전부터 무역 관계를 갖고 있었고, 특히 몽고가 이들 지역에 원정한 바 있어 명이 성립한 이후에도 자연히 왕래가 빈번하였다. 조왜爪哇 · Java, 발니勃泥 · Brunei, 팽형彭亨 · Pahang, 소문답랄蘇門答剌 · Samudra 지역과의 관계를 보면 이를 알 수 있다. 이 기간에 주목되는 것은 중앙아시아 지역의 조공 횟수가 드물다는 점이다. 철마아한撒馬兒罕 · Samarkand은 3번, 별실팔리別失八里 · Bashibalik는 단 한 번의 조공을 기록하고 있다.

다음으로 정화의 해외 경영 기간(1405~1433)의 조공 관계를 보면 다음과 같다. 그의 원정으로 인도양 지역의 조공이 빈번해졌음을 쉽게 이해할 수 있다. 중앙아시아 지역의 조공 사절이 증가한 것도

(夷服) – 진복(鎭服) – 번복(藩服) 9개의 지역을 말한다. 여기에서 말하는 후복과 전복은 오복에서 말하는 후복에, 남복과 채복은 오복의 수복에, 위복과 만복은 오복의 요복에, 이복과 진복은 오복의 황복에 각각 해당된다. 그리고 육복은 후복 – 전복 – 남복 – 채복 – 위복 – 만복을 말한다. 그러나 이들 모두는 주실 – 제후 – 주변중국 – 이적 등 문화 수준에 따라 세계가 형성되고 있다는 관념을 말해 주고 있다. 김용구(1997a), pp.77~78.

14 『明會典』은 명조가 편찬한 법전인데 홍치(弘治, 1487~1505), 가경(嘉慶, 1521~1566), 만력(萬曆, 1572~1620) 3대에 걸쳐 편수하였다. 『홍치회전』 180권을 정덕 6년(1509)에 다시 교정해 간행하였는데 이를 정덕본(定德本)이라고 한다. 그후 가경에 회전을 다시 편찬하려 했으나 간행에는 이르지 못하고, 만력 4년(1576)에 회전 중수를 시작해 만력 15년(1587)에 228권에 이르는 만력본을 간행하였다. 만력본은 명조 초기부터 만력 13년(1585)까지 200여 년 동안 관직의 연혁을 밝힌 사료이다.

특징이다. 와랄瓦剌·Oirats은 1421~1453년 동안 거의 매년 조공한 것으로 기록되어 있고, 팔답흑상八答黑商·Badakshan, 실랄사失剌思·Shiraz, 역사불한亦思弗罕·Ispahan은 1419년에, 합렬哈烈·Herat은 1415년 이후, 역력파력亦力把力·Ilibalik은 1426년부터 조공 사절이 기록되어 있다. 그리고 중앙아시아 무역의 중심 지역 합밀哈密·Hami은 1415년에 정기적인 조공이 기록되기 시작하였고, 토로번土魯番·Turfan도 같은 기록을 남겼다.

정화의 원정 이후 15세기 말까지의 현황은 티베트를 비롯한 중국 인접 국가들의 조공 관계가 정기적으로 기록되었다. 다만 조선의 조공이 기록되어 있지 않은 것은 너무나 당연시되어 기록되지 않았을 것이고, 일본은 이 기간에 6번의 왕래만이 기록되어 있다. 인도양과 동남아의 경우 조왜와 만랄가滿剌加·Malacca가 1439년과 1481년 사이에 모두 합쳐 10차례에 걸친 사절 파견이 정기적으로 기록되어 있다. 석란산錫蘭山·Ceylon은 1445년, 1459년 두 차례만이 기록되어 있다. 그런데 합밀의 조공은 35번 정도까지, 토로번과 철마아한은 4년에 1번 정도, 그리고 역력파력은 6번 정도 기록되어 있다. 이렇게 볼 때 조공국들은 남쪽의 해안 국가들로부터 중국 서부 대륙의 국가들로 이전되고 있음을 알 수 있다.

다음으로 16세기에는 조공 사절의 기록이 줄어들고 있다. 유구는 50번, 안남은 19번, 섬라는 9번, 점성은 1543년 종료될 때까지 4번, 그리고 일본은 7번의 조공이 기록되어 있을 뿐이다. 반면에 중앙아시아의 조공은 비교적 자주 있었는데 오사장이 26번, 합밀은 19번, 토로번은 24번, 철마아한은 16번, 천방天方·Arabia이 13번, 그리고 로미魯迷·Rum는 6번이 기록되어 있었다.

끝으로 17세기에 들어와 명조가 붕괴한 1643년까지 왕조 말기의 정치적 여건을 반영하여 여러 지역의 조공 횟수가 줄어들고 있다. 유구는 15번, 안남이 7번, 섬라는 9번, 오사장이 9번, 토로번은 3번, 합밀이 3번, 그리고 철마아한, 천방, 그리고 로미는 각각 1번에 그치고 있다.

청조는 『강희회전康熙會典』(1690, 이하 〈강〉으로 약칭), 『옹정회전雍正會典』(1732, 이하 〈옹〉으로 약칭), 『건륭회전乾隆會典』(1764, 이하 〈건〉으로 약칭), 『가경회전嘉慶會典』(1818, 이하 〈가〉로 약칭), 그리고 『광서회전光緖會典』(1899, 이하 〈광〉으로 약칭) 5번에 걸쳐 회전을 중수重修하였다. 『광서회전』은 사대 질서가 이미 오래전에 와해된 이후에 편찬되었으나 조공제도에 관해 규정하고 있는 것은 중국 법제의 특징인 허문虛文의 대표적인 경우이다. 한편 명분의 세계가 지니고 있는 지속성을 알 수 있다.

조공제도는 일반적으로 중국 예부禮部에서 관할하는 외번外藩의 관계를 가리키며, 이에 관해서는 각 회전들이 자세하게 규정하고 있다. 조공절차, 입공행로入貢行路, 빈례의식賓禮儀式, 그리고 조공과 회사回賜의 품목들은 물론이고 이들을 위반할 경우 그 제재에도 상세한 규정들이 있다.

조선이 조공제도의 행위자 중 가장 으뜸에 있었음은 쉽게 알 수 있다. <강>, <옹>, <건>에서는 매년 1공으로 규정되었다가 <가>, <광>에서는 매년 4공으로 정례화되었다. 유구琉球는 모든 회전에서 2년에 1공으로, 안남安南, <광>은 越南으로 표기은 <강>, <옹>에서는 3년 1공, <가>, <광>에서는 2년 1공, 섬라暹羅 · Thailand는 모든 회전에서 3년 1공으로, 남장南掌 · Laos은 <강>, <옹>에서는 누락되었으나 <건>, <가>, <광>에서는 10년 1공으로, 소록蘇祿 · Sulu Islands도 <강>에서는 누락되었고, 1726년부터 조공을 시작해 <건>, <가>, <광>에서 5년 1공으로 규정되었다. 끝으로 면전緬甸 · Myanmar은 <강>, <옹>에서는 누락되었고, <건>은 부정기로 기록되었으며, <가>, <광>에서는 10년 1공으로 규정되었다.

내번과 외번

청조 조공제도의 특징은 조공국들을 외번外藩과 내번內藩으로 구분했다는 점이다. 조공제도는 일반적으로 외번과 중국의 관계를 말하는데 이를 관장하는 기구는 중국 예부禮部였다. 외번의 법적 지위는 회전에서 규정된 조공의 의무 이외에는 외번의 정교금령政敎禁令은 자주에 임한다는 것이 사대 질서의 기본개념이었다. 정교금령이란 용어가 내치외교로 변경된 것은 1875년경 일본의 주장에서 비롯되었다. 그리고 조선의 대외 문제를 담당하는 기구를 1881년 2월 23일 음력 1월 25일 총서總署의 주청[15]으로 예부에서 북양아문과 일본 주재 중국 공사관으로 이관시킨 것은 중대한 의미를 지닌 일이다. 후술하는 바와 같이 조공국을 서양 공법의 속국으로 전환시키려는 중국 정책의 표현이었기 때문이다.

한편 몽고, 티베트, 토로번과 같은 내번은 그 정교금령도 중국이 관할하는 조공국이었다. 청조는 이번원理藩院이란 새로운 기구를 만들어 외번을 관할하였다. 청조는 중원中原에 입성하기 이전에 이미 몽고 문제를 중시하여 몽고아문蒙古衙門을 설치한 바 있다. 그후 1637년에 이번원이라는 새로운 관아를 만들어 몽고 관계를 규율하기 시작하였다. 그러나 현실적으로는 몽고에 관대한 태도를 취하였는데, 내몽고의 경우 그 귀족을 3개의 반班으로 구분하여 순번으로 매년

15. 『淸光緖朝中日交涉史料』 上, 문서번호 71, p.35; 『淸季中日韓關係史料』 1, pp.466~467.

조공토록 하고, 그들 귀족들은 그 등급에 따라 매년 중국으로부터 일정한 녹祿을 받았다.

『광서회전』에 보면 몽고 지역을 몇 개 지역으로 나누어 관할하였다. 먼저 대막大漠, 즉 고비 사막 이남을 내몽고라 칭하고 24부部와 49기旗로 구성하였다. 다음으로 외몽고는 고비 사막 이북 지역으로 6부와 86기, 청해青海 지역을 청해 몽고라 부르고 5부와 28기, 알타이와 금산金山, 천산天山 산맥 사이의 지역들을 11부와 34기, 회부回部 즉 합밀哈密은 1기, 그리고 토로번을 1기로 구성하였다. 이들 각 부와 기는 그 지위에 따른 여러 자세한 규정이 각 회전에 나타나 있다. 그리고 천자에 조회朝會하는 여러 규칙들이 규정되어 있다.[16]

19세기에 이르러서는 이와 유사한 규정이 티베트 관계에도 나타났다. 티베트의 경우 서장西藏·중앙티베트은 매년 1공, 전장前藏·동티베트과 후장後藏·서티베트은 3년 1공으로 정하였다. 그리고 이번원이 중앙아시아 지역을 관할하기 시작한 것은 『옹정회전』에서이다. 특기할 일은 명조의 경우와는 달리 청조에 이르러서는 이들 지역 관계에 있어서 경제적인 측면이 사라지게 되어 일반적인 조공 관계와는 그 성격이 달라졌다는 점이다.[17] 그리고 18세기 이후부터는 중앙아시아 지역에 관한 기록이 매우 드문 것도 특징이다.

청조 회전에서 흥미 있는 점은 중국과 서양 국가들 관계의 기록이다. 포르투갈, 하란荷蘭·Holland, 러시아1858년까지 이번원에서 관할, 로마 법황청, 그리고 영국이 조공국의 범주에 기록되어 있다. 그러나 1655~1795년 동안 이들 국가들의 사절로 중국 황제를 알현한 것은

16. 『淸會典』(1991), 卷 63.

17. 『淸會典事例』 6, 10책 중 禮部, 理藩院 관계; 『淸會典』(1991), 卷 67; Fairbank & Têng (1960), pp.133~134.

모두 17번에 불과하다. 러시아가 6번, 포르투갈이 4번, 홀랜드가 3번, 로마 법황청이 3번, 그리고 1793년 영국의 마카트니 경Lord Macartney의 경우가 그것인데, 마카트니를 제외하고는 모두 중국 황제 알현의 한 형식인 고두叩頭(엎드려 머리를 마루에 부딪침)의 예식을 행하였다.[18] 마카트니가 고두의 예를 거부하여 마찰을 빚은 것은 잘 알려져 있는 일인데도 중국의 문헌에는 그가 고두의 예를 행한 것으로 묘사되어 있다. 이들 서양 국가들이 조공 질서 안에 속하는 것으로 관념했다는 것이 중요하다. 중국적인 사유의 일단을 엿볼 수 있다.

인신무외교

천자 중심의 수직적이고 서열적인 국제사회에서는 제후의 신하들이 다른 제후와 비밀리에 접촉할 수 없는 것이 기본적인 명분이었다. 이른바 인신무외교人臣無外交의 개념이다. 『예기禮記』「교특생郊特牲」에 보면 "조근朝覲하기 위해 옆의 나라를 방문하는 군주를 수행한 대부大夫가 (옆 나라 군주를) 사사로이 만나는 것은 예가 아니고朝覲大夫之私覿非禮, 다른 사람의 신하된 사람은 외교外交를 할 수 없고 두 임금을 섬길 수 없다爲人臣者 無外交 不敢貳君"라는 말이 나온다. "사사로이 만나는 것이 곧 외교私覿是外交也"라는 것이다. 이와 같이 "남의 신하된 사람은 외교를 할 수 없다"라는 명제는 사대 질서의 기본규범 중 하나였다.

제후의 신하인 배신陪臣이 외국인과 접촉할 수 없다는 부작위의 개념은 그후 오래 지속되었다.[19] 사대 질서의 이와 같은 외교 개념

18. Wills(1984), Widmer(1976), Viraphol(1977) 참조.

19. 조선의 경우 1765년 겨울 연행사를 따라 북경에 간 홍대용(洪大容)은 중국 학자들을 만나 토론하려는 욕망으로 불타 있었으나, 한편 이런 접촉이 혹시 인신무외교의 죄에 해당

과 1876년 마틴W. A. P. Martin이 서양의 diplomatie, diplomacy를 외교라고 새로이 번역한 개념이 충돌하여 동북아 세계에 일대 혼란을 가져오게 되었다.

야만

사대 질서는 화이華夷의 구별에 관해서도 엄격한 규범이 있었다. 고대 중국을 중국中國, 하夏 또는 화華로 부르고, 그 밖의 지역에서는 국가는 존재하지 않고 다만 이적夷狄만이 있을 뿐이라는 관념은 가장 오래된 경전인 『서경書經』에 이미 나타나 있다. 그리고 이런 화이華夷의 구별은 『춘추』, 『좌전』에 이르러 체계화되었는데 몇 가지 대표적인 예를 들면 다음과 같다.

민공閔公 원년에 적인狄人이 형邢을 침공하였을 때 관중管仲이 제齊 환공桓公에게 적狄과 융戎을 승냥이와 이리를 뜻하는 시랑豺狼이라고 역설한 것은 자주 인용되는 구절이다.[20] 희공僖公 24년에 주周 양왕襄王이 적狄과 힘을 합쳐 하夏에 속한 정鄭을 공격하려고 하자 부신富辰이 이를 말려 간揀하는 말 중에 정鄭에게는 훈勳, 친親, 근近, 현賢 네 가지 덕이 있는데 적狄에게는 농聾, 매昧, 완頑, 은嚚 네 가지 사악함이 있다고 역설한 것도 같은 맥락이다.[21] 그리고 양공襄公 14년의 기사 중에 융은 음식이나 의복이 화와 같지 않고, 지폐贄幣가 통하지 않으며, 언어가 서로 닿지 않는다고 문화의 단절을 말하고 있다.[22]

되지 않을까 우려하였다. 김용구(2002), p.89.
또한 고종의 윤허 아래 리훙장과 17번에 걸쳐 서한을 주고받은 이유원(李裕元)은 결국 인신무외교의 죄를 범했다고 비판받는다. 김용구(2001a), p.294.

20. 『左傳』 閔公 元年(기원전 660년).
21. 『左傳』 僖公 24年(기원전 635년).
22. 『左傳』 襄公 14年(기원전 558년).

남만南蠻, 동이東夷, 서융西戎, 북적北狄의 사이四夷는 야만의 세계로 이들을 외국外國이라고 간주하지 않았다. 그리고 이들과 무력 충돌이 있어도 이를 전戰이라 칭하지 않았으며, 이들을 적국敵國이라고 부르지도 않았다. "중국과 이적夷狄 사이에는 전戰이라 말하지 않고 이를 모두 취取라고 부른다."[23] 이적의 무력 충돌도 "이것이 모두 전戰인데 왜 전이라고 말하지 않는가? 『춘추』에서는 적 사이에만 전이라 말한다. 환공桓公은 이적의 관계에서는 이를 구축驅逐하였을 뿐이다."[24] 맹자도 "정征이란 상上이 하下를 벌伐하는 것이고, 정征이라고 말하는 것은 정正을 일컬음이다"[25]라고 하였다.

이적에 대한 무력 행위는 전戰이라고 말하지 않고 토討, 벌伐, 취取, 정征의 용어로 표현하였다. 제후와 이적의 전투를 전戰으로 기록하는 경우도 있으나 이것은 어디까지나 예외이지 원칙은 아니었다. 전은 동등한 정치집단의 무력 충돌을 지칭하며 적국敵國이라는 용어도 제후 사이의 무력 충돌에만 사용하였다. 국제사회의 공동 적에 대한 이런 태도는 모든 유형의 국제사회에 공통된 의식구조이다. 유럽 공법의 섬멸전debellatio, 이슬람 세계의 성전聖戰 · jihad, 공산주의 국제법의 민족해방투쟁이 모두 같은 논리이다.

중국이 서양 열강과 접촉하게 되자 이夷 자를 어떻게 번역할 것인가 하는 문제가 현안으로 등장하였다. 중국과 영국이 정부 차원에서 직접 만나게 된 것은 1834년 동인도회사의 무역 독점이 종료된 이후의 일이다. 1757년부터 성립된 광동무역제도廣東貿易制度는 동인도

23. 『穀梁傳』 成公 12年(기원전 579년).
24. 『春秋』 莊公 30年(기원전 664년) 齊人伐山戎이란 기사에 대한 『公羊傳』의 설명.
25. 『孟子』, 「盡心章句」 上.

회사 직원과 중국의 공행상인公行商人 사이의 사적인 성격을 지니고 있었다. 영국 면업자본의 끈질긴 요구에 따라 동인도회사의 무역 독점이 종료되자 중국 무역을 감독하기 위해 영국 정부는 무역감독관Superintendent of Trade을 파견해 두 나라는 새로운 관계에 들어가게 된다.[26]

1839년 3월 린쩌쉬林則徐(1785～1850)가 아편 문제를 해결하기 위해 광둥廣東에 도착한다. 이때부터 1860년 베이징 조약이 체결될 때까지 두 나라의 국가적인 대화는 번역을 통한 특이한 형식을 취하지 않을 수 없었다. 번역은 소통의 형식이었고 두 언어를 동시에 구사하는 평등의 교환은 아니었다. 그 원인은 무엇보다 중국 측에서 영어에 통달한 관리들이 없었다는 데에 있다. 영국은 중국이 전달한 한문 문서를 영국 공사관의 중국 문제 서기관Chinese Secretary of Her Majesty's Plenipotentiary이 중국어로 번역한 것을 통해 그 내용을 알았고, 중국 측도 영어를 몰라 이들 서기관의 한문 번역을 통해 영국 문서를 이해하였다.[27] 이들이 이夷를 barbarian으로 번역해 문제가 야기되었다. 1858년 톈진天津 조약에서 중국의 모든 공문서에서 이夷 자의

26. 김용구(2006a), pp.288～290.

27. 이들 중국 문제 서기관들은 동인도회사에 봉직한 중국 서기관(Chinese Secretary)이었는데 1834년 이후 영국 정부의 관리가 되었다. 이들은 유럽인으로 중국어를 독해하는 자들로 1834년 이후에는 선교사나 외교관들이 이 직위에서 행동하였다. 모리슨 부자(R. Morrison, J. R. Morrison), 굿츨라프(K. Gutlaff), 메드허스트(W. H. Medhurst), 웨이드(T. Wade)가 대표적인 인물들이다. 따라서 이들의 임무가 중요한 것을 곧 알 수 있다. 예를 들면 18～19세기 초까지도 夷자를 foreigner, stranger로 번역하였다. 그러나 동인도회사 대표가 아니라 영국 정부의 대표로 내피어(C. Napier)가 중국에 온 이후 barbarian이라고 번역하였다. 그리고 내피어를 중국 문서에서 이목(夷目)이라고 한 것을 이들이 barbarian eye라고 해 내피어는 격분하였다. 그러나 이목은 외국의 우두머리를 뜻한다. 영어로는 foreign principal에 해당한다. Liu(1999), pp.131～133; Liu(2004), pp.41～69; Fang Weigui(2001), pp.95～123.

사용이 금지되었다.

천하

사대 질서의 명분체계가 타당하다고 인식하였던 장소topos가 천하天下라고 부르는 공간이다. 서양 공법이 타당한 장소를 오이쿠메니oikoumene, 코란koran의 가르침을 받드는 이슬람의 영토dar-al-Islam와 같은 개념이다.

따라서 고대 중국의 고전에 명분을 둔 세계질서관은 이민족이 중국을 지배하는 경우에는 큰 혼란에 빠졌다. 요遼, 금金, 더욱이 몽고가 중국의 전역을 지배한 원元 시대를 어떻게 인식하느냐 하는 문제는 중국의 역사가들에게는 하나의 난제였다. 원사元史의 집필이 70여 년이나 지체된 것이 이를 단적으로 말해 주고 있다.

사대 질서의 명분체계는 명, 청에 이르러 자세하게 제도화되었고 천하라는 장소의 개념도 명백하게 되었다. 주의할 것은 이런 법제도는 어디까지나 명분의 세계를 지칭하는 것이어서 사실의 세계와 언제나 일치하는 것은 아니라는 점이다.

주원장朱元璋이 1367년 북벌을 전개하며 반포한 선언문에서 이미 화이사상에 입각한 세계관이 뚜렷이 나타났다.[28] 황제로 등극하기 이전 해의 일이다. 그는 즉위한 다음 해부터 해외에 사절들을 파견하여 "조공할 것과 표表를 바치고 신하라고 칭할 것"을 선유宣諭하고, "이적夷狄이 중국을 받드는 것은 예의 상경常經이며 이소사대以小事大는 예나 지금이나 같은 것"이라고 역설하였다.[29] 그가 동원한 여

28. 『明太祖實錄』 26: 10～11b; Wang(1990), pp.34～35.

29. 선유의 내용과 사절 파견에 관하여는 黃枝達(1992), p.95, pp.101～102.

러 유학자들은 『서경』, 『좌전』을 비롯하여 한漢, 당唐의 선례들에 따라 중화 질서를 재건하려고 노력하였고 그 자신이 사대 질서 재건에 열렬한 지지자였다.

이런 유교권의 질서는 19세기 초부터 전 세계로 확장되기 시작한 유럽 열강들에 의해 점차 붕괴되어 갔다. 그 결정적인 붕괴의 시작이 아편전쟁이었다. 유럽 열강이 동북아시아로 팽창하면서 아편을 그 확장의 계기로 삼은 것은 유럽 정치의 몰윤리성沒倫理性을 잘 보여 준 것이며, 대포大砲, 성경聖經, 아편鴉片 등이 삼위일체가 되어 중국 질서를 붕괴시킨 것은 역사의 교훈이다.[30] 그리고 이런 붕괴의 국제정치적 명분이 다름 아닌 서양 공법을 지칭하는 만국공법이었다.

30. 사대 질서 붕괴 과정에 관해서는 김용구(2006a), 제4장 참조.

2. 공법 질서

특징

19세기 유럽 국제법은 "지리적인 기초그것은 유럽의 법이고, 종교적-윤리적 영감그것은 기독교 법이며, 경제적인 동기그것은 중상주의적인 법이고, 그리고 정치적인 목적그것은 제국주의적인 법이다을 가진 일련의 규칙들"[31]이다. 다시 말하자면 그 국제법 질서의 특징은 실정법주의positivism, 유럽중심주의Eurocentrism, 팽창주의expansionism에 입각한 폭력의 규범이었다. 이들 특징에 관해서는 다시 서술한다. 그런데 이런 전통은 탈중세post-medieval 시대부터 나타나기 시작해 그 역사적 성격을 추적할 필요가 있다.

31. Bedjaoui(1979), p.50.

유스 겐티움

비토리아, 스와레즈, 그로티우스

사대 질서가 19세기에 접어들면서 파괴된 것은 유럽의 중세 질서가 해체되면서 나타난 공법의 독특한 성격과 충돌하면서 시작되었다. 상위의 존재를 부정하는 주권국가는 중세의 국제 질서를 파괴한 혁명적인 행위자들이었다. 이런 행위자들 사이의 관계를 규정하는 새로운 법질서를 어떻게 규정하느냐 하는 문제가 당시 지식인들에게는 최대의 지적 고민이었다. 이런 법규범을 당시 유럽 지식인들은 유럽의 역사 속에서 찾았다. 만민법萬民法이라고 번역하는 로마법의 유스 겐티움jus gentium이 그것이다.[32]

로마법의 유스 겐티움에 관한 논의는 근대국가의 맹아가 나타나기 시작한 16세기에 들어서면서 본격적으로 전개되었다. 이 문제와 관련해서는 비토리아F. de Vitoria(1480?~1546)를 먼저 들지 않을 수 없다. 그는 발라돌리드Valladolid 대학에 잠시 머문 시간을 제외하고는 일생을 살라만카Salamanca 대학에서 교편생활로 보냈다.[33] 토머스 아퀴나스T. Aquinas에 관한 중요한 두 강의가[34] 『신학특별강의*Reflectiones Theologicae*』(1557)에 실려 있다. 여기에 나타난 비토리아의 국제법에 관한 기본적인 관념의 특징은 두 가지로 요약할 수 있다. ① 평등하고 독립적인 국가들로 구성된 국제 공동체를 상정했다는 점, ② 이 공동체를 전시나 평시에 규율하는 국제법의 존재를 인식했다는 점

32. 고대, 중세에 걸친 유스 겐티움 개념의 역사적 흐름에 관해서는 김용구(1997a), pp.20~29.
33. 비토리아의 생애에 관하여는 Nys(1894), Scott(1934a), Truyol Serra(1988)를 참조.
34. 1539년 1월 1일부터 강의한 「최근 발견된 인디아에 관하여De Indis Recentes Inventis」와 같은 해 6월 18일부터 강의한 「스페인 사람들의 야만인에 대한 전쟁법에 관하여De Jure Belli Hispanorum in Barbaros」.

이다.[35] 따라서 이들 특징을 강조하면 비토리아를 '근대 국제법의 시조'로 간주하게 된다.

그러나 비토리아는 독립이나 평등을 절대적인 개념으로 사용하지 않고 국가들은 전 세계totus orbis에 종속되어 있다는 상대적인 개념으로 사용하였다. 전 세계는 어떤 권한을 보유한 의인화擬人化된 법의 주체를 말하며 공동선bonum commune을 보유한 상위의 공동체로 국가들, 국민들, 그리고 개인들의 총체라고 비토리아는 상정하였다. 이런 점에서 그는 홉스T. Hobbes, 보댕J. Bodin과는 다르며 키케로Cicero, 성 아우구스티누스St. Augustine, 아퀴나스T. Aquinas와 동일한 맥락에 서 있고 훗날 울프C. Wolff의 대국가Civitas Maxima 개념과 유사한 견해를 지니고 있었다.[36]

유스 겐티움 문제는 스와레즈F. Suárez(1548~1617)와 그로티우스H. Grotius(1583~1645)에 이르러 명백해진다. 스페인의 저명한 국제법 학자 스와레즈는 살라만카 대학에서 수학한 후 포르투갈의 코임브라Coimbra 대학에서 오랫동안 신학을 강의하였다. 그는 유스 겐티움에 관해서 『법률 그리고 입법자로서의 신에 대하여*Tractatus de Legibus ac Deo Legislatore*』(1612)에서 언급하고 있다.[37]

스와레즈는 유스 겐티움을 국가 안의 법jus intra gentes과 국가 사이의 법jus inter gentes으로 독창적으로 구분하였다. 국가 안의 법은

35. Haggenmacher(1988), pp.36~37.

36. Scott(1934a), pp.282~283; Scott(1934b), pp.11~12; Truyoly Serra(1987), pp.257 ff; Haggenmacher(1988), p.39.

37. 국제법에 관한 주요한 다른 두 저서는 『영국 국교회파의 오류에 대한 가톨릭 신앙의 옹호*Defensio Fidei Catholicae et Apostolicae Adversus Anglicanae Sectae Errores*』(1613년. 이중에서 특히 제3권 제5장, 제23장, 그리고 제6권 제4장이 국제법 관계임)와 『믿음, 희망, 자선 3가지 신학상의 덕목에 관한 저술*Opus de Triplici Virtute Theologica Fide, Spe, et Charitate*』(1621년. 자선에 관한 논고 제13장 「전쟁에 대하여De Bello」가 중요함).

여러 국가들이 개별적으로 그들 국가에서 적용하고 있는 법으로 공통성을 지닌 법을 지칭한다. 이지도르Isidore of Seville(560?~636)가 말하는 이민족의 토지 점령, 요새의 건설, 화폐의 사용이 여기에 속한다. 국가 사이의 법은 국가들이 그들 상호 관계에서 반드시 적용하는 법을 말하는데 대사, 무역, 노예, 평화조약, 휴전 등이 여기에 속한다. 그리고 자연이성에 근거하고 있는 유스 겐티움이 보다 더 실효성을 갖기 위해서는 관습법으로 되어야 한다고 스와레즈는 강조하였다. 이와 같이 유스 겐티움을 자연법에서 분리해 실정법의 영역으로 귀속시키려는 것이 16세기 이후의 국제법 경향이다.[38]

유스 겐티움의 개념은 그로티우스[39]에 이르러서야 명백해진다. 그는 근대 국제법학의 창시자답게 여러 역사적인 저서를 세상에 남겨놓았다.[40]

그로티우스는 로마법의 유스 겐티움을 국가 사이의 법과 혼동해서는 안 된다고 정확하게 지적하였다. 로마 법학자들은 "특정한 인민들의 법에 불과한 것, 동의에 의해서가 아니라 모방이나 단순한

38. Trelles(1933), pp.458~462; Scott(1934a), pp.87~88; Haggenmacher(1983), pp.348~351.

39. 그로티우스의 생애에 관해서는 김용구(1997a), pp.34~35의 주 21 참조.

40. 중요한 저서들을 보면 다음과 같다. (1) 『포획법론*De Jure Praedae*』: 1604~1605년에 집필한 것인데 1864년에야 헤이그에서 원고가 발견되어 1868년에 처음으로 출판된 그로티우스의 기본 저술이다. 유명한 『자유해론』도 이 『포획법론』의 제12장을 다소 수정한 것이고, 『전쟁과 평화의 법』도 『포획법론』의 제3장~제10장에 걸쳐 논술한 정전이론(正戰理論)에 근거하여 완성한 것이다. (2) 『자유해론*Mare Liberum*』: 1609년에는 익명으로 발표된 80페이지에 달하는 소책자인데 1618년 이후로는 자신의 이름을 밝혀서 출간하였다. (3) 「윌리엄 웰워드에 의해 논박된 '자유해론' 제5장에 대한 변명Defensio Capitis Quinti Maris Liberi Oppugnati a Guiliemo Welwedo」: 이 글도 『포획법론』과 함께 1864년에 발견되었고 1872년에 발표된 멀러(Samuel Muller)의 『폐쇄해론』의 부록으로 세상에 알려졌다. (4) 『전쟁과 평화의 법*De Jure Belli ac Pacis*』: 1625년에 초판이 나온 그로티우스의 주저(主著)로 근대 국제법학을 최초로 체계화한 업적이다.

우연으로 같은 내용을 갖게 된 것을 유스 겐티움이라고"[41] 부르지만 "이런 유스 겐티움은 정확하게 말해서 국가 사이의 법은 아니다"[42]라고 말한다.

다음으로 그는 로마 법학자들이 유스 겐티움과 자연법을 혼동하고 있다고 비판하였다. 이 문제와 관련해 자주 인용되고 있는 『전쟁과 평화의 법』 서론 「40」의 유명한 문장에서[43] 이들의 개념을 명백히 구별하였다. 이 글의 내용으로 보아 연역적으로 추론되는 것은 자연법, 귀납적으로 추론되는 것은 유스 겐티움이라고 그로티우스는 생각하였다.[44] 그리고 유스 겐티움의 연원을 인간의 의사로 본 점은 매우 근대적인데 그것이 국가의 의사만을 지칭하느냐 또는 보편적인 인류사회humana societas의 의사를 가리키느냐 하는 데 의견이 갈라져 있다.[45] 그러나 그로티우스는 아직 유스 겐티움이라는 로마

41. *De jure belli ac pacis*(1925), Prologmenia, 53, p.28.
42. *De jure belli ac pacis*(1925), Bk .II, Ch .8, 2, p.295.
43. "많은 사람들이 상이한 시기와 장소에 있어서 같은 사물을 확실한 것이라고 인정하는 경우는 그 사물이 보편적인 이유(causa)에 관계되고 있기 때문이다. 그리고 이 이유는, 추론의 과정에서 볼 때 자연의 원칙으로부터 나온 정확한 결론이든지 아니면 공동의 합의에서 나온 것이든지 둘 중의 하나이다. 전자는 자연법이고 후자는 유스 겐티움이다. 자연법과 유스 겐티움의 구별은…사물의 성격에 의하여 이루어져야 한다. 왜냐하면 추론의 확실한 과정을 거쳐 일정한 원칙으로부터 도출될 수는 없으나 어디에서나 분명히 관찰될 수 있는 것은 그 연원을 인간의 자유의사(voluntas libera)에 두고 있는 것이기 때문이다." *De jure belli ac pacis*(1925), pp.23~24.
44. Hommes(1983), p.69; Vermeulen(1983), pp.376~378.
45. 일군의 학자들은 그로티우스의 법 개념에서는 개인과 국가는 같은 지위를 갖고 있기 때문에 위 글에서 말하는 자유의사는 국가만의 의사가 아니라 인류사회의 의사도 포함된다고 말하고 있다. 이에 반하여 또 다른 학자들은 위 글에서 말하는 자유의사는 곧 인간계약의 최고 조직체인 국가의 의사를 말하게 되는 것이고 그로티우스야말로 국제법을 국가 사이의 법으로 관념한 최초의 인물이라는 것이다. Vollenhoven(1926), pp.13~16; Lauterpacht(1946), pp.336~340; Moreau-Reibel(1950), pp.580~587; Bull(1966), p.68; Hommes(1983), pp.63~65; 河西直也(1984), pp.34~42; Fories(1987), pp.297~310; Kingsbury & Roberts(1990), pp.6~15.

시대 이후의 진부한 낱말을 사용하였다.

유스 겐티움과 기독교 세계

공법 이론의 체계를 어느 정도 갖추게 된 17~18세기 유럽의 국제법은 몇 가지 특징을 갖고 있다. 무엇보다 이 법체계는 기독교적인 성격을 지니고 있다.[46] 이 시대의 저서들은 성경의 말씀에 따른 이성의 질서를 상위의 질서로 간주하였다. 이 질서를 신의 질서로 보는 신학의 입장에서 국제법 규범을 해석하느냐 또는 신학으로부터 해방되어 이성의 질서로 보느냐 하는 입장의 차이에 따라 여러 개념이나 용어들이 나올 뿐이다. 그로티우스의 『전쟁과 평화의 법』도 그의 독특한 교회 이론에 입각한 국제사회의 건설을 목적으로 하고 있다. 바텔E. de Vattel(1714~1767)과 같은 실정법주의의 선구적인 업적들이 있었지만 주류는 자연법 학파의 이론들이었다. 따라서 이교도에 대해서는 거의 공통된 태도를 지니고 있다.

비토리아의 전 세계 관념이 모든 세계의 주민들을 포괄하는 것은 결코 아니다. 그가 분개한 점은 스페인 사람들이 신대륙의 인디언을 비인간적으로 취급한 사실이지 인디언을 국제법의 주체로 간주한 것은 결코 아니었다. 인디언을 비롯한 비기독교 주민들이 기독교인의 무역, 경제 진출, 기독교의 전파를 방해한다면 그것은 전쟁을 할 권리jus ad bellum를 구성한다고 강조하였다. 그의 전 세계 개념은 제국주의적인 성격을 가진 기독교 세계totus christianus였다.[47]

젠틸리A. Gentili(1552~1608)는 이교도와 통상을 하는 것은 허용되지

46. Jennings(1992), Vol.1, pp.87 ff.
47. Haggenmacher(1988), p.74.

만 그들과 평등한 조약을 체결하거나 동맹을 결성하는 것은 합법적인 것이 아니라고 보았다. 그로티우스는 자연법에 입각하면 이교도와 조약을 체결하는 것은 허용되지만 모든 기독교인들은 기독교의 적에 대한 동맹에 참여할 의무가 있다고 보았다.[48]

국제법은 유럽의 대국가civitas maxima, 기독교 세계totus christiana의 법을 의미하는 것이었고 이 세계의 무역, 여행, 그리고 포교의 자유를 보장하는 법질서로 출발하였다. 1602년 말라카Malacca 해협에서 네덜란드 선박이 포르투갈의 선박을 나포한 사건을 계기로 그로티우스는 『자유해론*Mare Liberum*』(1609)을 집필하게 되고 포르투갈 발라돌리드 대학 교수였던 프레이타스F. S. de Freitas는 그로티우스를 반박하는 저술을 집필하여 논쟁이 일어났다.[49] 그로티우스는 동아시아 국가들에 대한 포르투갈의 배타적인 무역의 권리를 부정하고 무역과 항행의 자유는 이들 국가들의 주권보다 우선한다고 주장하였다.[50] 프레이타스는 포르투갈이 이들 국가에 대하여 우선적으로 접근할 수 있는 것은 해외 포교를 스페인과 포르투갈 두 나라의 지역으로 양분한 1492년 법왕 알렉산드로스 6세Alexandros VI의 칙령에 근거한다고 반박하였다. 기독교 전파를 위해서 포르투갈은 이 지역에 진출할 자유를 보유한다는 것이었다.[51]

17~18세기 유럽 국제법의 또 다른 특징은 아직 근대국가가 완성

48. Molen(1968), pp.155~156.
49. Aleksandrowicz(1961a), pp.219~230; Verzijl(1955, 그의 주저 1968, I, pp.435~447에 그대로 전재), p.140.
50. 그로티우스의 비유럽 지역에 관한 태도에 관해서는 Keene(2002), 특히 pp.76~92 참조.
51. 유럽이 비유럽 지역을 차별화하기 시작한 것은 19세기 실정법주의가 대두된 이후의 일이고 17~18세기에는 유럽과 기타 지역은 평등한 것으로 관념되었다는 견해가 있다. 그 대표적인 학자가 국제법사의 권위였던 Aleksandrowicz였다. 그의 일련의 저술들(1961a, 1961b, 1963, 1968, 1968/9)을 참조.

단계에 들어가지 못한 역사적인 단계를 그대로 반영하고 있다는 점이다. 국제법 주체에 관하여 명확한 이론이 제시되지 못한 단계였다. 막연히 '기독교 세계', '유럽 세계'의 법규범이라고 인식하였고, 그 법규범은 유럽 국제사회, 국가를 비롯한 여러 형태의 정치단위들, 그리고 개인을 모두 포함하는 것으로 여겼다. 이런 특징들을 갖고 있던 유럽의 국제법은 19세기에 들어서면서 또 다른 차원으로 변모하였다. 유럽의 세계 팽창을 합리화하는 법적 도구로 전락하였다.

새로운 국제 현상과 신조어

근대국가라는 새로운 행위자들 사이의 법규범을 가리키는 데에는 새로운 용어가 필요하였다. 국가 사이의 법jus inter gentes · jus inter potestas이라는 새로운 용어를 창안한 사람은 옥스퍼드 대학의 시민법 교수였던 주츠R. Zouche(1590~1661)였다. 그는 『유스 페키알레*Jus Feciale*』(1650)[52] 서두에서 "국가 사이의 법jus inter gentes이란 주권적인 권력을 보유한 군주들 또는 인민들의 공동체에서 인정된 법"을 말한다고 하면서 유스 겐티움과 구별하고 있다.[53]

한편 유스 겐티움의 프랑스어 번역인 droit des gens은 현재도 사용되고 있다. 이 프랑스 말이 지닌 진부한 내용은 루이 14세의 재상 아그소F. d'Aguesseau(1668~1751)가 이미 지적한 바 있다. 그는 1716년에

52. 유스 페키알레는 고대 로마의 전쟁과 조약에 관한 법을 지칭한다.

53. "자연이성이 모든 사람들 사이에 수립하여 모든 사람이 인정하고 모든 국가들이 인정하는 법은 가이우스(Gaius)가 말한 바와 같이 유스 겐티움이라고 칭한다. 첫째로 그 법은 한 국가 안에 속하는 여러 인민들이 그들 사이에 적용하는 법에 있어서 공통적인 요소를 말한다…. 둘째로 그것은 상이한 국가들의 군주나 인민들 사이에 공통으로 준수되는 법을 지칭하는데…후자의 법을 나는 국가 사이의 법(jus inter gentes)이라고 서술코자 한다." *Jus Feciale*(1911), p.2.

그의 아들에게 "droit des gens이라고 말하는 것, 그러나 droit des gens은 다른 의미가 있기 때문에, 더 정확하게 말하면 국가 사이의 법droit entre les nations이라는 것을 연구할 것"을 권한 바 있다. 그리고 1740년에는 영구평화 계획안으로 유명한 생 피에르 사師 Abbé de Saint-Pierre(1658~1743)도 같은 취지의 말을 한 바 있다.[54]

영어의 경우도 같은 현상이 나타났다. 유스 겐티움의 영어 번역은 law of nations인데, 이것이 부정확하다고 하여 international law라고 명명하고 international이라는 새로운 단어를 창안한 사람은 벤담 J. Bentham(1748~1832)이었다. 그러나 창안의 동기에 관해서는 견해가 갈라져 있다. 벤담은 jus gentium을 영어로 번역하려다 기왕에 사용한 internal이라는 단어에 대비해 international이라는 형용사를 창안하였는데, 그 이유는 국내법과 국제법이 원칙, 개념, 방법에 있어서 유사하다고 생각하였기 때문이라는 견해가 지배적이다.

그런데 스가나미H. Suganami는 노데지F. S. Northedge, 하트H. L. A. Hart, 불H. Bull과 같은 저명한 학자들도 이런 견해를 무심코 원용하고 있다고 비판하고 있다. 스가나미는 벤담이 jus gentium을 영역하려던 것이 아니고 이 라틴어의 영역인 law of nations라는 용어가 잘못되었기 때문에 international law라는 용어를 창안했다고 주장하고 있다.[55]

54. Holland(1911), p.xiii.

55. 스가나미가 인용한 벤담 저서의 원문은 다음과 같다. "international이란 단어는 매우 유사하고 알기 쉽지만 새로운 것이다. 이 새로운 단어는 law of nations라는 이름으로 부르는 법률의 한 분과를 보다 더 의미 있는 방법으로 표현한 것이다. 그리고 law of nations라는 명칭은 아무런 특징도 없어서 만일 (이 용어를 사용하여 온) 습관의 힘이 없었다면 아마 이 명칭은 국내법의 학문을 더 가깝게 가리키는 것일 것이다." Suganami(1978), p.231. 그리고 벤담이 international이 '유사'하다고 한 것은 internal이란 낱말을 지칭하는 것이고 국내법과는 확연히 구별되는 주권국가 사이의 법으로서 국제법을 지칭하기 위해 international law라는 용어를 창안했다고 스가나미는 말하고 있다.

벤담의 시대에는 이미 근대국가가 확립되었고, 이들 관계를 규율하는 법체계를 international law라고 부르는 것이 널리 유행하기 시작해 오늘날에 이르고 있다.

실정법주의

유스 겐티움의 전통을 이어받은 19세기 유럽 공법은 실정법주의, 유럽중심주의, 팽창주의의 본질을 지니고 있다. 이런 본질은 19세기 유럽 문명의 폭력에서 연유된 것이다.

법학에서 말하는 실정법주의는 법을 국가의사인 합법성으로 귀착시키는 법적 태도, 학설, 입장을 말한다. 이런 법적 태도를 지닌 국제법학은 국가의사 지상주의에 귀착하게 되고, 이 경우 국가란 곧 유럽의 근대국가를 지칭한다. 따라서 실정법주의는 유럽의 근대국가 발전과 밀접히 관련되어 있다. 이렇게 볼 때 19세기 전반은 자연법주의와 실정법주의의 혼합 시기, 그리고 19세기 후반은 실정법주의의 전성 시기이다.

국제법 학계에서 '실정법적인'이라는 형용사를 처음으로 사용한 사람은 마르텐스G. F. von Martens(1756~1822)였다.[56] 마르텐스의 국제법 저술은 여러 언어로 출판되었는데, '실정법적인'이란 용어를 사용한 것은 1796년 독일어 판본이다.

19세기에 들어오면서 자연법보다 유럽 국가들의 명시적 · 묵시적인 합의인 조약과 관습을 중시하는 실정법주의가 주류를 이루게 되었다. 이런 경향에 결정적인 영향을 미친 것이 빈Wien · Vienne · Vienna 회의(1814~1815)였다. 유럽의 열강들이 한자리에 모여 그들 사이에

56. 그에 관해서는 김용구(1997a), pp.46~47; 김용구(2006a), pp.862~863.

적용될 법규범들에 합의했다는 것은 마르텐스 자신도 불가능하다고 판단한 역사적 사건이었다. 이제 유럽 국제법학에 있어서 실정법적인 견해들이 주류가 되었다.[57]

유럽중심주의

19세기 유럽 국제법의 또 다른 특징은 유럽중심주의라는 점이다. 18세기 후반에 이미 국제법을 유럽의 공법이라고 지칭하는 것이 크게 유행하였다. 모제르J. J. Moser(1701～1785), 마블리G. B. de Mably(1709～1785)의 저서들의 명칭이나[58] 마르텐스의 저서가 모두 유럽의 공법 또는 유럽의 국제법이란 용어를 사용하고 있다. 이제 국제법을 유럽공법droit public de l'Europe, European public law이라고 자랑스럽게 부르기 시작하였다.

유럽 공법이라는 낱말 자체가 기독교적인 유럽의 가치관을 반영한다. 그러나 유럽이 비유럽의 세계를 지배하게 되자 이 용어가 주는 혐오감을 희석시키기 위해 문명civilization이라는 용어로 대체하였다. 그리고 문명들이란 복수의 명사가 1819년경 창안된다. 유럽의 공법은 문명국들의 법으로 선전되었다. 그리고 유럽 이외의 국가들을 반半문명국이나 야만국으로 간주해 국제법의 주체가 아니고 고작해야 제한된 의미의 주체로 취급되었다. 이 점도 19세기 유럽 국제법학의 주류가 되었다.[59]

57. Nussbaum(1958), pp.232～236; Lachs(1982), pp.68～90.
58. Moser, *Versuch des Neuesten Europaischen Volkerrechts in Friedens-und Kriegszeiten....* Frankfurt a/M, 1777-1780, 10 vols. Mably, *Droit public de l'Europe, fondé sur les traités*, Genève, 1748.
59. 국제법의 아버지라고 부르는 그로티우스(H. Grotius) 이래의 전통이다. 휘튼(H. Wheaton), 블룬칠리(J. C. Bluntschli), 로리머(J. Lorimer), 웨스트레이크(J. Westlake), 홀(W. E. Hall),

19세기 학자들은 나름대로 문명에 관해 여러 기준을 제시하였으나 이들 기준들은 기독교 사회의 관습에 기반을 둔 유럽 문명의 규범을 반영하고 있다. 이런 기준에 따르면 세계의 정치집단들은 유럽 국가들과 같은 문명국들과, 모로코, 페르시아, 샴Siam, 아프가니스탄, 중국과 같은 반半문명국들과, 그리고 야만의 집단들, 3가지로 구별된다. 야만의 지역은 침탈과 점령의 대상이며 반문명국은 불평등조약으로 연결해 정치적 · 경제적인 착취의 대상이라고 여겨 온 것은 세계 외교사가 말해 주고 있다.

팽창주의

유럽의 공법은 유럽 국가들의 세계 팽창을 합리화하고 부추기는 법적 도구이다. 이런 성격은 실정법주의, 유럽중심주의에서 유래되는 것임은 말할 필요도 없다. 유럽 공법이 지닌 팽창과 제국주의적 성격을 알기 위해서는 승인의 창조적 효과설과 무주지無主地 · terra nullius 개념을 소개하면 충분하다.

"어떤 정치집단이 문명국이냐 아니냐를 판단하는 것은 기존 문명국들의 권리다"라는 이른바 창조적인 효과설의 창시자는 휘튼H. Wheaton이었다. 그의 국제법 저술이 1864년 『만국공법』이라고 한역漢譯되어 동양 3국에 엄청난 영향을 미쳤는데, 바로 그 당사자가 제국주의 팽창의 이론적인 창시자였다는 것은 역사적 모순이다.

무주지의 개념은 토착민은 야만이며 재산권을 보유할 법적 능력이 없다는 전제에서 출발한다. 무주지의 영토 획득의 권원權原 · title이

홀랜드(T. E. Holland), 마르텐스(F. F. Martens), 리스트(F. von Liszt)와 같은 몇 명의 기라성 같은 이름을 지적하면 충분하다. Bedjaoui(1979), pp.53~55; Gong(1984), pp.25~63; Grabar(1990), pp.277 ff.; Keene(2002).

발견이냐, 선점이냐, 또는 포교냐 하는 따위의 이론들은 유럽 국가들의 상이한 국가 이익에 따라 다른 것뿐이다. 19세기 유럽 외교사에서 영토 획득의 권원에 관한 국제회의가 있었다. 그 회의는 분쟁이 발생하여 소집된 것이 아니라 장래의 침탈을 위한 미래지향적인 회의였다. 이것이 바로 '속임수의 협약'을 만들어 낸 1884~1885년에 걸친 베를린 회의였다.[60] 이 회의에서 특히 콩고 분지盆地에 대한 분할의 국제법 원칙들을 만들어 냈다.

사대 질서와 공법 질서는 본질적으로 상이한 개념 질서로 구성된 법체계였다. 이들 두 개념 질서가 충돌한 역사적 시점이 1839~1842년의 아편전쟁이었다. 충돌의 역사적 현장을 추적해 본다.

60. Uzoigwe(1988), pp.541~552; 김용구(2006a), pp.366~367.

Part 2

번역과 충돌

3. 『만국공법』

린쩌쉬와 바텔

아편 문제를 해결하기 위해 린쩌쉬林則徐(1785~1850)가 흠차대신의 직함을 갖고 광둥廣東에 도착한 것은 1839년 3월이었다. 그가 이때까지 지니고 있던 세계 인식은 주로 사청고謝淸高의 『해록海錄』이라는 소책자[61]에 의존하였다. 광둥에 이르자 위안더후이袁德輝의 추천으로 바텔E. de Vattel(1714~1767)의 유명한 국제법 저술[62]에 주목한다.

61. 사청고는 18세 되던 해부터 14년 동안 외국 선박에서 근무했으나 1796년에 시력을 잃어 맹인이 되었다. 그는 글자를 몰라 통역으로 연명하였으나 그가 일생 동안 세계를 다니며 직접 목격한 것을 1820년에 양병남(楊炳南)이란 사람에게 구술한 것이 이 책이다. 이 책은 대외 관계에 관해서는 중국인이 저술한 것 중 가장 우수한 것으로 평가받고 있다.
62. *Le droit des gens, ou principes de la loi naturelle, appliqués al à conduite aux affaires des nations et des souverains*, 1758.

린쩌쉬는 바텔의 저서 중 외국 상품 몰수에 관한 부분을 파커 P. Parker(1804~1888)와 위안더후이에게 번역하도록 해 비교 참조하였다.[63] 서양의 국제법 관련 글을 한문으로 번역한 최초의 글들이다. 이제 두 문명권은 번역을 통해 충돌하기 시작한다.

파커는 곧 번역 작업에 착수해 1839년 9월 초에 번역을 일단 마무리하였다.[64] 그런데 파커의 한역은 조잡하고 모호하여 린쩌쉬가 이를 보고 이해하기는 힘들었을 것이다. 린쩌쉬는 같은 인용문의 번역을 위안더후이에게 다시 의뢰하였다. 위안더후이의 번역은 파커의 번역보다는 정확한 것이었다. 파커와 위안더후이의 번역문은 모두 웨이위안魏源(1794~1856)의 『해국도지海國圖志』에 수록되어 있다.[65]

파커의 번역문은 「활달이각국율례 미리견의생 백가역출滑達爾各國律例 米利堅醫生 伯駕譯出」이란 제목으로 3페이지, 그리고 위안더후이의 번역문은 「법률본성정리 위안더후이역法律本性正理 袁德輝譯」이란 제목으로 5페이지 정도의 짤막한 글들이다.

먼저 번역 형식을 보자. 파커의 번역은 서론격인 금지 품목에 관한 간단한 설명에 뒤이어 제37장, 제292조, 그리고 끝으로 일당자一當者, 이직二職, 삼혹三或, 사수법四守法, 오공법자五公法者, 육혹六或, 칠불론七不論, 팔혹八或으로 구성되어 있다. 왕웨이젠과 청펑은 제37장, 제292조는 바텔 저서 292페이지의 주석 37을 파커가 잘못 번역한 것이라고

63. 위안더후이와 파커의 생애, 그리고 그들이 린쩌쉬와 연결된 자세한 사정은 Chang(1950), pp.12~14; Hsü(1960), pp.123~124; Gulick(1973), pp.88~89를 볼 것.

64. Gulick(1973), p.90. 린쩌쉬가 번역을 부탁한 바텔 저서는 영어 번역본이었음이 분명한데 왕웨이젠(王維儉)과 청펑(程鵬)은 치티(Joseph Chitty)의 번역본이라고 단정하고 있다. 王維儉(1985), p.63; 程鵬(1989), p.108. 치티의 번역은 초판이 1833년, 신판이 1834년에 런던에서 출간되었다.

65. 『海國圖志』에 실리게 된 배경에 관해서는 김용구(1997a), pp.121~122.

고증하였다. 그리고 一에서 八에 이르는 항목은 원문에는 없는 것이고 파커가 바텔의 저서를 보고 간단한 평을 한 것이라고 추측하고 있다. 위안더후이의 글도 제39조, 제172조, 제292조로 구성되어 있는데, 제39조란 원저 §90과 주석 37을 번역한 것이고 제172조, 제292조란 원문의 페이지를 파커가 잘못 번역한 것을 위안더후이가 검색을 하지 않고 그대로 사용한 것이었다.[66]

다음으로 번역의 내용을 보면 국가는 특정한 외국 상품의 수입을 금지할 수 있고 이를 위반하면 법에 따라 심판을 받아야 한다는 점을 두 번역은 모두 지적하고 있다. 위안더후이의 글에만 있는 제172조에 보면 중국과 일본은 외국인의 항구 진입을 금지하고 있으나 유럽에서 그들 국가들은 서로 자유로이 왕래하고 있다. 그러나 외국인이 다른 국가에 들어가면 그 국가의 율례를 준수해야 한다고 적고 있다. "국가는 천하를 어루만지기" 때문이다.[67] 따라서 범인이 외국인이라도 국중國中의 율례에 따라 처벌해야 된다는 것이다. 파커와 위안더후이 두 글에 모두 보이는 제292조는 위안더후이의 번역이 더 명백한데 외국인과의 분쟁에 관하여 다음과 같이 적고 있다.

> 외국인과 쟁론하려면 먼저 그 우두머리인 국왕이나 대권을 갖고 있는 관리에게 알려야 한다. 그래도 만일 이치를 펴지 못하면 곧 본국으로 (문제를) 돌려 본국 왕의 보호를 구해야 한다.[68]

66. 王維儉(1985), pp.63~64; 程鵬(1989), p.108, p.112.
67. "國家撫有天下." 원문은 "the sovereignty is the right to command in the whole country." 아직 '주권'이란 번역 용어는 등장하지 않았다. 주권은 마틴이 번역해 사용하기 시작하였다. 『萬國公法』 1권 2장 12절, p.155.
68. "欲與外國人爭論 先投告對頭之王 或有大權之官 設或都不伸理 可奔回本國 稟求本國王保護." 원문은 "If a private person intends to persecute his right against the

그리고 국왕이 전쟁을 할 권리가 있느냐 하는 것은 나라마다 다른데, 영국의 경우에는 의회巴厘滿 · Parliament의 동의 없이는 예산을 얻을 수 없어 병력을 동원하는 것이 불가능하다고 적고 있다. 그리고 파커가 자의로 적은 후반 부분 중 三에 보면 외국이 아편을 들여와 독을 퍼뜨리고 이익을 도모하는 경우 이들의 진입을 금지할 수 있으며 이들은 이를 고소告訴할 수 없다고 쓰고 있다.

이 두 번역은 린쩌쉬에게 큰 영향을 주었다. 그는 바텔의 저서에 따라 충실하게 행동하였다. 먼저 아편을 수출입 금지품으로 선언하였고, 아편의 파괴를 명령하였으며, 그리고는 영국 빅토리아 여왕 Queen Victoria에게 아편무역의 중지를 요청하였다.

린쩌쉬가 영국 여왕에게 보내는 조회문은 매우 조리 있게 문제의 핵심을 다음과 같이 말하고 있다. 중국과 영국은 근 200년 동안 무역 관계를 유지하였는데 영국인 중에는 선하지 못한 자들이 있어 아편을 판매하는 자들이 있다. 이제 중국에서는 새로운 규율을 정하여 중국인이 아편을 흡연하면 사형에 처하고 외국인이 아편을 판매하는 자도 마땅히 같은 형벌을 받으나, 중국 황제의 관용에 따라 새로운 규율을 정한 도광道光 19년 6월 9일(양력 1839년 4월 28일)부터 도광 20년 12월 9일(양력 1840년 11월 16일)까지 자수하는 외국인에게는 자비를 베푼다. 다만 외국인이 보유하고 있는 아편 2만 283상자는 몰수한다. 외국인이 영국에 나아가 무역을 하는 경우에는 영국 국법에 따른다. 그리고 외국인이 영국에서 아편을 판매한다면 영국도 중국과 같은 조치를 취할 것이다.[69]

subject of a foreign power, he may apply to the sovereign of his adversary, or to the magistrates invested with the public authority, and if he is denied justice by them, he must have recourse to his own sovereign who is obliged to protect him."

69. Liu(2004, pp.229~241)는 린쩌쉬의 원문과, 1840년 2월 Chinese Repositary에 실린 번역

그러나 린쩌쉬가 1840년 흠차대신에서 물러나고 1842년에는 양국의 분쟁도 일단락되자 중국이 서양 국제법에 보인 초미焦眉의 관심은 사라졌다. 서양 국제법 이론이 중국에 본격적으로 전래되어 충돌하게 된 것은 마틴의 번역 작업 이후의 일이다.

마틴과 휘튼

미국 선교사 마틴W.A.P. Martin(1827~1916)[70]이 휘튼H. Wheaton · 惠頓(1785~1848)[71]의 저서를 한역한 것은 동양과 서양의 국제 질서 충돌을 초래한 획기적인 일이다. 마틴 자신의 말대로 성경 번역에 버금가는 역사적 사건이었다. 그러나 그의 번역은 세계정치의 중심과 주변이 지닌 성격을 잘 나타내 주고 있다. 휘튼이야말로 유럽 문명권의 제국주의적 팽창을 합리화하는 국제법 이론가였기 때문이다.

마틴은 처음 바텔의 저서를 번역하려고 했으나 워드J. E. Ward 중국 주재 미국 공사의 조언으로 휘튼의 저서를 선택하였다.[72] 『만국공법』의 영문 서문에서도 바텔의 저서가 훌륭한 업적이지만 현실 문제에 대한 지침서로서는 오래된 책이어서 이것을 번역한다는 것은 중국인에게 지동설地動說이 아니라 천동설天動說을 가르치는 것과 같다고 마틴은 적고 있다. 그리고 휘튼의 저서는 당시 유럽과 미국 외교관들에게는 필독의 지침서여서 이 책을 번역하기로 결심하였

문, 그리고 Teng & Fairbank(1954, I, pp.24~28)의 번역을 서로 비교해 부록을 작성하였다. 린쩌쉬의 조회문 작성에 파커가 관계한 것에 관해서는 Gulick(1973), pp.90~91을 볼 것.

70. 마틴의 생에 관해서는 Duus(1966), 孫子和(1976), Spence(1969), Covell(1978)을 볼 것. 특히 Covell의 저서는 장로교 미국 본부의 미간 자료를 섭렵한 훌륭한 연구이다.
71. 휘튼의 생애에 관해서는 Lawrence(1855), pp.xiii~clccciv; Lawrence(1868), pp.1~95; 松隈(1992), pp.311~358에 자세하다. 그리고 그의 국제법 저술들에 관하여는 김용구(1997), pp.54~62.
72. Martin(1897), p.222.

다고 한다.[73] 번역을 시작한 것은 1862년의 일이다.

휘튼은 1836년에 런던과 필라델피아에서 초판이 나온 『국제법 원리, 국제법학사 개요 첨부*Elements of International Law with a Sketch of the History of the Science*』로 일약 세계적인 학자가 되었다.[74] 프랑스, 프로이센, 이탈리아, 러시아, 중국, 일본, 스페인 각지에서 번역되어[75] 그의 이름은 세상에 널리 알려지게 되었다. 이 저서는 여러 판본이 있다. 마틴이 번역의 저본底本으로 삼은 것은 1855년 로렌스W. B. Lawrence의 판본이다. 휘튼 자신이 생전에 손질한 최후의 개정판은 1846년 제3판, 그리고 1848년의 프랑스어 판본이다. 그의 사후에 나온 여러 판본 중에는 1855년 로렌스의 판본과 1866년 데이너R. H. Dana의 판본이 중요하다. 특히 데이너 판본은 제8판이라고 불리며 널리 사용되고 있다.[76] 제1차 세계대전 이후 카네기재단의 후원으로 편집, 발간한 『국제법 총서*The Classics of International Law*』 중 휘튼의 저서는 데이너 판본을 복간한 것이다.[77] 따라서 데이너 판본이 마틴 번역의 저본인 양 오해되고 있다. 1862년에 번역을 시작한 마틴이 1866년의 데이너 판본을 저본으로 삼았다는 것은 있을 수 없는데도 이런 착각이 현재도 지속되고 있는 것은 희극적이다. 마틴의 번역이 초역 또는 의역이라고 해석하는 견해가 이런 착각에 따른 것이다. 마틴이 번역 저본으로 삼은 로렌스 판본은 데이너 판본과는 그 내용이나

73. 『萬國公法』 영문 서문 p.3.
74. 2002년에 The Lawbook Exchange, LTD, New Jersey에서 초판본을 복각하였다.
75. 여러 판본의 연표는 Wilson(1936), pp.607～608 참조.
76. 1866년 데이너가 휘튼의 책을 새로 편집해 발표하자 로렌스는 자신의 1855년 저서를 표절했다고 법정 투쟁을 시작하였다. 로렌스는 승소했음에도 불행한 여생을 보낸다. 松隈(1992), pp.350～354.
77. 데이너의 생애에 관하여는 Wilson(1936), pp.21a～25a; 松隈(1992), pp.345～356.

순서에 상당한 차이가 있다.[78]

휘튼에 의하면 국제법이란 유럽과 기독교의 산물이며 문명 기독교 국가들의 법이어서 보편성이 없음을 그 누구보다 강조하고 있다. 유럽 공법이 문명국의, 기독교 국가의 법이라는 19세기 유럽 공법학의 특징을 휘튼은 더욱 발전시켰다.

휘튼은 문명국 · 기독교 국가의 법인 유럽 공법의 연원source[79]은 여섯 가지라고 연원 문제를 처음으로 명백하게 거론하였다.[80] 여섯 가지란 다음과 같다. ① 권위 있는 국제법 학자들의 의견, ② 이미 존재한 국제법pre-existing international law[81]을 확인 · 수정 · 규정하는 조약들, ③ 개별국가들의 법령, 특히 포획심판소의 규칙들, ④ 중재재판소나 포획심판소와 같은 국제재판소의 판결, ⑤ 정부에 비밀리에 제출된 여러 기관의 공식적인 법적 견해들, ⑥ 전쟁 · 평화조약 · 기타 국제관계에 관한 여러 협상들의 역사.

78. 우선 데이너 판본은 로렌스 판본보다 분량 자체가 방대하다. 로렌스 판본은 휘튼의 생애에 대하여 상당한 지면(pp.xiii~cxcvi)을 할애하고 있어서 이 부분을 고려치 않는다면 데이너 판본의 분량은 더욱 방대하다. 따라서 『萬國公法』은 휘튼 저서의 초역이나 의역이라는 착오가 생기게 되었다. 예를 들면 이노우에 가쓰오(井上勝生, 1991a, p.39)는 『萬國公法』을 교주(校註)하면서 휘튼 원저의 절(節)은 500개가 넘는데 『萬國公法』의 절은 231개에 불과한 것을 보면 마틴이 원 저서의 절들을 합쳐 생략한 증거라고 적고 있다. 그러나 로렌스 판본의 절은 모두 234개이다. 스미요시 요시히토(住吉良人)는 의역이라고 단정하고(井上勝生, 1991b, p.477), 張嘉寧(『飜譯の思想』, 1991a, p.389)도 "휘튼의 방대한 원전을 그 본문을 충실히 逐字적으로 번역한 것이 아니고 그 大意를 취해 간략히 한문으로 쓴 것"이라고 적고 있다. 그리고 마틴 생애의 권위자인 코벨(Covell, 1978, p.150)이나 중국의 서양 국제법 도입 문제에 훌륭한 저서를 발표한 쉬(Hsü, 1960, pp.135~136)도 의역이라고 생각한 것은 의아스러운 일이다.
79. 마틴은 '原'이라고 번역. 후술하는 바같이 서양 공법의 학술적인 용어에 대응되는 한문의 용어가 없어서 당시 동양의 지식인들이 서양 국제법을 정확히 이해하기가 곤란하였다.
80. Ehrlich(1962), p.246.
81. 마틴은 '以前之公法'을 改革, 申明, 辨正하는 것이라고 번역하였다. '以前之公法'이란 개념을 당시 동북아 지식인들은 어떻게 이해했을지 궁금하다.

다음으로 휘튼 견해의 두드러진 특징은 그가 국가 승인의 창조적 효과설을 창시했다는 점이다. 휘튼은 헤겔G. W. F. Hegel의 견해를 국가 승인설에 접목시켰다. 헤겔은 그의 『법철학』 중 국제법에 관한 강의에서 국가는 절대적 존재인데 그런 절대성은 다른 절대적 존재들에 의해 인정을 받아야 한다는 점을 강조하였다.[82] 휘튼은 헤겔의 이 견해를 국제법에 결부시켜 국가의 창조적 효과설을 창안했다. 그리고 법률적de jure 승인과 사실적de facto 승인이라는 용어도 휘튼이 처음으로 사용하였다.[83] 국가 승인의 창조적 효과설은 제국주의 팽창을 합리화시켜 주는 대표적인 견해이기 때문에 휘튼의 구절을 그대로 인용한다.

> 존재하게 된 신생국가는 그의 내적인 주권을 확인하기 위하여 다른 국가들의 승인을 필요로 하지는 않는다. 이런 점에서는 사실상 국가가 존재하면 법률적인 주권을 확립하는 데 충분한 것이다….
>
> 다른 한편 국가의 대외적인 주권은 그것이 완전하고 충분한 것이 되기 위해서는 다른 국가들의 승인이 필요한 것이다. 사실 신생국가가 그의 행동을 그들 시민과 그 영토 안에만 국한한다면 이런 승인이 없어도 될 것이다. 그러나 모든 구성원이 서로 부여된 권리와 서로 준수할 의무를 인정하고 있는 국가들의 대大사회에 들어가길 원한다면, 이러한 승인은 신생국가가 이 대사회의 모든 이익에 완전한 참여를 위해서 본질적으로 필요한 것이다. 신생국가 이외의 모든 국가들이 이런 승인을 허용할 것인지 거부할 것인지는 완전한 자유다.[84]

82. Knox(1952), p.212.
83. Lauterpacht(1945), p.171.
84. Wheaton(1855), p.30; Wheaton(1866), p.28; 『萬國公法』, pp.93~94.

휘튼은 19세기 유럽 공법의 특징을 모두 지니고 이를 더욱 발전시킨 장본인이었다. 문명제국의 세계 확장을 선전한 대표적인 그의 『국제법 원리』가 마틴이 한역하여 동양 3국에 전파되면서 동양 지식인에게 널리 유행한 것은 이율배반적인 역사적 사실이다.

마틴과 중국 조정

마틴은 신神의 섭리로 서양 국제법의 저서를 번역하게 됐다고 1863년 10월 1일 친구 로리W. Lowrie에게 보낸 서한에서 다음과 같이 밝히고 있다.

> 나는 누구의 암시도 받지 않고 그것을(번역 사업을 지칭: 필자) 수행하게 되었는데 이런 작업이 이 무신론적인 정부로 하여금 신과 그의 영원한 정의를 인정하고 어느 정도의 기독교 정신을 그들에게 가르쳐 줄 수 있다고 본인은 신의 섭리로 의심치 않는다.[85]

한편 그의 『만국공법』 영문 서문에서는 국제법 지식이 없었던 중국을 돕고자 하는 순전히 개인적인 동기에서 나온 것이라고 다음과 같이 적고 있다.

> 이 번역은 2년 전에 상하이에서 시작하였는데 이런 작업은 한 선교사가 그가 선교의 장소로 택한 나라의 복지를 추구하는 것이 그의 의무라고 느끼는 사람에게는 적절한 것이라고 여겼고, 공식적인 후원은 전혀 기대하지 않았다.[86]

85. Covell(1978), p.146.
86. 『萬國公法』 초판의 영문 서문 Translator's Preface, p.1.

개인적인 차원에서 시작된 그의 번역 작업이 1863년 여름에는 중국 정부와 연결되었다. 당시 중국은 캄보디아 문제로 프랑스와 외교적인 분쟁에 휩싸였는데, 총서總署는 외국 사례들을 들어 프랑스의 논리를 반박고자 하였으나 외국의 경우들을 알 길이 없었다.[87]

이에 총서의 왕대신王大臣 원샹文祥이 미국 공사 벌린게임A. Burlingame · 蒲安臣에게 권위 있는 국제법 저서의 추천을 의뢰하였다. 벌린게임은 휘튼의 저서를 권유하였고 그 일부를 번역해 줄 것을 약속하였다. 벌린게임이 휘튼을 추천한 것은 그의 저서가 유명하기도 했지만 당시 미국 공관이 그 책을 비치하고 있었기 때문이었다. 미국 국무성은 1855년에 휘튼의 저서를 중국 주재 미국 공관에 보내었으나 도착되지는 않았다. 그리하여 1857년에 리드W. B. Reed 공사가 한 책을 구입해 공관에 비치하였다. 벌린게임 공사가 원샹과의 회견 내용을 상하이 주재 수어드G. Seward 영사에게 알리자 수어드 영사는 마침 마틴이 그 책을 번역하고 있다는 사실을 공사에게 보고하게 되었다.[88]

벌린게임 공사의 주선으로 마틴은 1863년 6월 판리삼구통상대신辦理三口通商大臣 충허우崇厚를 톈진天津에서 만나게 된다. 충허우는 마틴의 원고를 훑어보고는 그것이 중국의 새로운 대외 관계를 수립하는데 필요하다고 느꼈고 이에 관하여 원샹에게 보고하겠노라고 마틴에게 약속하였다.[89] 충허우의 보고와 벌린게임의 계속된 노력으로 마틴은 1863년 9월 10일 드디어 총서의 왕대신들을 만나게 되었다.[90]

87. 프랑스는 중국의 조공국인 베트남의 캄보디아 지역을 1862년부터 계속 침략해 두 나라는 분쟁의 와중에 있었다. 자세한 것은 김용구(2006a), pp.312～314.

88. Hsü(1960), p.127.

89. Martin(1897), p.222.

90. 마틴이 총서를 방문한 날짜에 관해서는 총서 왕대신들의 상주문에는 음력 9월로, 그리고 마틴 자신의 기록(1897, p.233)에는 11월이라고 적고 있다. 그런데 1864년 1월 8일자

그런데 이 만남의 분위기에 관하여 마틴 자신의 기록과 왕대신들의 상주문上奏文은 매우 다르게 적고 있다. 이들 내용을 보도록 하자.

마틴은 마치 자신이 융숭하게 대접을 받았으며 총서의 왕대신들이 자신의 번역 원고를 보고는 감복한 양 적고 있다. 왕대신들은 책상 위에 놓인 자신의 미완성 원고를 보고는 그 내용도 모르면서 크게 기뻐하였고, 원샹은 이 원고 안에 「24개 절節 twenty-four sections」이 있느냐고 질문하였다. 「24개 절」이란 마틴이 번역을 시작하기 이전에 당시 총세무사 레이H. N. Lay의 보좌관 하트R.Hart가 휘튼의 저서 중 사절 파견에 관한 부분을 번역한 것을 말한다.

마틴이 원고 내용의 개략을 설명하자 원샹은 그 책이 중국의 해외사절 파견에 유익할 것이라는 견해를 피력하였다. 이에 마틴은 자신은 훈장은 원할지라도 금전적인 보상은 바라지 않는다고 하면서 번역의 조속한 완성을 위해 출판비의 보조와 중국인의 협력은 요청하였다고 전하고 있다.[91]

마틴은 총서의 대신들이 휘튼의 책을 국제법보다는 도덕 철학으로 간주했다는 것을 분명히 간파하였다. 그리고 그들은 "올바른 것을 발췌하여 이를 준수하고, 그릇된 것을 발췌하여 이를 고친다"라는 유교 격언을 이 책에 적용하길 희망하였다고 적고 있다.[92] 그러나 1860년 영국과 프랑스가 다시 톈진 지역을 침략할 때 파크스H. Parkes를 구금한 사태에서 보듯이 중국은 자의적으로 법을 준수하기 때문에 이들에게는 '가시로 가르치는 것teach with thorns'이 최선이라고

*New York Times*에 마틴이 기고한 글에는 9월 10일이라고 정확한 날짜를 쓰고 있다. Covell(1978), p.164, note 102.

91. Martin(1897), pp.233~235.

92. Covell(1978), pp.146~147.

1864년 1월 8일자 『뉴욕타임스』에 보낸 기고문에서 말하고 있다.[93]

공친왕의 상소문은 마틴의 술회와는 그 뉘앙스가 매우 다르며 중국적인 사유思惟가 함축되어 있다. 그 내용은 다음과 같다. 외국인들은 중국 문자를 깊게 학습하고 중국의 서적도 탐색해 중국과 어떤 사건이 발생하여 논쟁하는 경우 그들은 중국의 전제典制, 율례律例를 든다. 그러나 중국은 외국의 문자를 알 수 없어서 외국의 사례들을 전거典據할 수 없으니 통탄스럽다. 동문관의 학생들이 외국 문자에 익숙하려면 아직 시간이 필요하다. 그리하여 자신들이 탐방探訪하여 보니 외국인 사이에는 『만국율례萬國律例』라는 한 서적이[94] 있음을 알았는데 이를 찾아 번역하려고 한다면 숨기어 드러내지 않을까 걱정하였다. 그런데 마침 미국 공사 벌린게임이 서양 각국이 대청율례大淸律例를 외국어로 번역할 것이라고 하면서 마틴이 근일에 외국에서 통행되는 율례를 번역하였으니 한번 만나 볼 것을 권하였다. 그리하여 지난해(1863) 9월에 공사는 마틴을 대동하고 『만국율례』를 갖고 와서 외국과의 사건이 있을 경우 참작할 수 있다고 말하였다. 그러나 그 문의文義가 심히 매끄럽지 못하여 책으로 간행하려면 개산改刪해야만 하였다. 왕대신들은 중국이 자신의 체제體制가 있는데 외국의 서적을 참열參閱할 필요가 있겠느냐고 짐짓 말하였더니 마틴은 두세 번 그 간행을 간청하였다는 것이다.

더 나아가 왕대신들은 마틴의 저의를 정확하게 파악하였다. 첫째는 외국에도 정령政令이 있다는 것을 과시하려는 것이요, 둘째는 마

93. Covell(1978), p.147.

94. 이때부터 중국과 조선에서는 한동안 유럽의 공법이 하나의 서적으로 완결되어 있는 법질서라고 오해하였다. 이것은 마치 명 · 청 회전들이 중국의 세계 질서를 규율하는 법전인 것같이 서양의 공법도 그런 법 형식을 취하고 있을 것이라고 착각하였다.

테오 리치Matteo Ricci같이 중국에서 이름을 얻고자 하는 것으로 여겼다.[95] 여하튼 그 번역을 보니 대개 회맹會盟, 전법戰法, 그리고 전쟁 중에도, 국가 사이에 서로 견제하는 데에도 법이 있다는 것이었다고 총서의 상주문은 끝맺고 있다.[96]

『만국공법』과 비스마르크

총서는 이 책의 간행에는 소극적인 태도를 갖고 있었다. 그런데 『만국공법』의 간행을 수락한 배경에 비스마르크O. von Bismarck가 개입되어 있었다는 것은 하나의 역사적 일화가 아닐 수 없다. 1864년 비스마르크는 슐레스비히-홀슈타인Schleswig-Holstein 공국公國 문제로 덴마크와 전쟁 중이었다. 이해 3월에 중국 주재 프로이센 공사 레프스G. von Rehfues · 李福斯가 다구大沽에서 톈진으로 가던 중 바다에 정박 중인 덴마크 선박 3척을 발견하고는 이를 나포하였다.[97] 이 문제로 중국은 프로이센과 외교적인 마찰을 빚게 되었다. 이때 총서는 마침 마틴의 번역 원고를 갖고 있었다.

> 신臣들이 이 외국 율례外國律例의 책을 조사하여 보니 중국 제도와는 모두 합치되는 것은 아닙니다. 그러나 그중에는 역시 채택할 만한 것이 있습니다. 금년 프로이센이 톈진 해구海口에서 덴마크 선박을 억류한 사건이 있어서 신들은 이 율례 중의 말을 몰래 채용하여 (프로이센에)

95. 마틴은 사실 마테오 리치를 존경하였고 그 자신이 '개신교 리치'가 되기를 희망하였다. Covell(1978), p.148.
96. 『籌辦夷務始末』, 同治, 卷 27, 25~26; 양장본 제5책, p.677. 軍機處에는 1864년 음력 8월 30일 접수.
97. 『籌辦夷務始末』, 同治. 卷 26, 29~35; 양장본 제5책, pp.656~659.

변론하였더니 프로이센 공사는 곧 착오를 인정하고 말이 없었는데 이것이 그 한 증거입니다.[98]

총서는 중국 해안에서 나포하는 것은 중국 주권의 침해라고 마틴 번역 원고에서 인용해 프로이센 공사에게 반박하였다. 결국 레프스 공사는 덴마크 선박 3척을 돌려주고 배상금 1,500달러를 지불해 사건은 해결되었다. 이 사건을 계기로 총서는 『만국공법』 발간에 박차를 가하였다. 비스마르크의 덴마크 전쟁이 서양 국제법 이론을 중국에 전래시키는 데 촉진제가 되었다.[99]

총서는 마틴이 요청한 대로 장경章京 네 사람을 파견해 중국 문장을 다듬는 데 도움을 주고 총서 건물 근처에 방 하나를 마틴에게 마련해 주어 번역에 전념토록 하였다. 마틴은 1864년 4월 중순경에는 번역을 완료하였고,[100] 총서는 은銀 500냥을 지급해 300부를 간행케 하였다. 공친왕과 왕대신들은 『만국공법』의 발간을 축하하기 위해 사진 촬영하였는데, 번역을 감독한 동순董恂은 그 책을 손에 들고 촬영하였다.[101]

『만국공법』이 출판되자 당시에는 여러 평가들이 있었다. 프랑스 대리공사는 마틴을 문제를 복잡하게 만드는 장본인으로 지목하였고,[102] 미국 장로교 본부도 선교 업무에 진력해야 할 마틴이 이런 일에 골몰하는 것을 못마땅해하였다.[103] 그리고 중국 주재 미국 공사

98. 『籌辦夷務始末』, 同治, 卷 27, 26; 양장본 제5책, p.677.
99. Chang(1931), p.101.
100. Covell(1978), p.114.
101. Burlingame to Seward, Apr. 25, 1865, *Diplomatic Correspondence*, pp.438~439.
102. Martin(1897), p.234.
103. Covell(1978), p.148.

윌리엄스S. Wells Williams도 1865년 11월 23일 수어드W. H. Seward 국무장관에게 이 책으로 중국은 서유럽의 법 수준에 도달하려고 할 것이며, 따라서 치외법권 같은 불평등 조약의 필요성을 제거하게 될 것이라고 부정적인 견해를 피력하였다.[104]

그러나 이 저서로 중국은 불평등 조약을 준수하게 되었다고 반기는 당시 외국인들이 많았고, 이 책을 전해 받은 수어드 국무장관도 긍정적인 평가를 하였다.[105]

『만국공법』 초판본

1864년 『만국공법』의 초판본은 영문 표지와 영문 서문이 있는 것과 순전히 한문으로 된 것 두 형태가 있다. 두 종류 모두 원형이정元亨利貞 4책으로 구성되어 있다. 한문본은 300부가 발행되었는데 영문 표지와 서문이 있는 것은 몇 부가 발행되었는지는 알 수 없다.

영문 표지와 서문이 실린 초판본은 현재 하버드와 예일 대학교에 소장되어 있다.[106] 그리고 1865년 4월 25일 중국 주재 미국 공사 벌린게임이 수어드 국무장관에게 책 한 권을

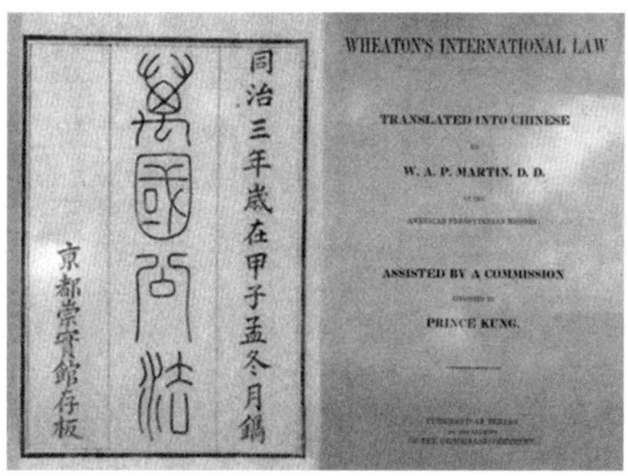

영문 표지와 서문이 있는 『만국공법』 초판본

104. Covell(1978), pp.147~148; Liu(2004), p.122.

105. Covell(1978), p.148.

106. 하버드 대학의 소장본은 벌린게임 공사가 데이너에게 증정한 것을 1895년에 데이너 가족이 하버드 대학 도서관에 기증한 것으로 진본임이 확실하다. 예일 대학 소장본도 진본이다.

보냈다고 보고하고 있어서 미국 국립문서고National Archive에 소장되어 있을 것으로 추정한다.[107]

영문이 실려 있는 판본에는 『만국공법』 출판에 결정적인 역할을 한 벌린게임 공사에 대한 헌사獻詞가 먼저 실려 있다. 그리고 1864년 10월 11일에 작성한 마틴 자신의 영문 서문이 매우 중요하다. 마틴은 바텔이 아니라 휘튼 저서를 번역하게 된 동기를 비롯하여 번역에 따르는 고충을 호소하고 있다. 현대 용어로 표현한다면 본격적인 동서양 개념 충돌의 현장을 묘사하고 있다. 뒤이어 2년 전에 시작한 번역 작업에 도움을 준 벌린게임 공사, 수어드 영사, 공친왕恭親王, 영국 공사 브루스F. Bruce에게 감사하고 있다. 특히 총세무사總稅務司 하트R. Hart에게 감사하고 있는데 마틴이 속한 동문관同文館은 총세무사의 예산으로 운영되고 있었기 때문이다.[108]

초판본에는 동치同治 3년 음력 12월(癸亥 1863)에 작성한 동순董恂의 서문과, 단오端午(양력 1864년 6월 20일)에 작성한 장쓰구이張斯桂의 서문이 있는데 모두 구두점句讀點이 없다. 본문과 범례도 구두점이 없었다. 다만 1865년 일본 개성소開成所에서 복각한 판본에는 시게노 야스쓰구重野安繹가 모두 일본식 훈점訓点을 찍어 놓았다.

마틴 번역의 문제점

마틴이 휘튼 저서를 번역하는 데에는 여러 난관이 있었을 것이

107. 일본 도호쿠 대학(東北大學) 가리노(狩野) 문고 소장본은 영문이 없는 것이다. 한국에는 영문이 있는 초판본은 소장되어 있지 않다. 서울 아세아출판사가 발행한 『만국공법』은 초판본을 영인한 것은 아니다. 초판본의 동순(董恂), 장쓰구이(張斯桂) 서문에는 그들의 도장(圖章)이 찍혀 있다. 초판본이 나온 이후 여러 해적판들이 횡행해 초판본 진본은 희귀하다.

108. 마틴은 훗날 하트의 추천으로 베이징 대학의 전신인 대학당(大學堂)의 총교습(總敎習)이 된다.

지만 번역 태도에도 몇 가지 문제점이 있다. 먼저 번역을 하면서 명쾌함을 최우선으로 삼았다고 그는 다음과 같이 말하고 있다.

> 세상에 내놓은 이 번역은 비록 휘튼이 프로이센 공사 시절 그의 주택 면제권에 관한 지루한 몇몇 논의들이나 라인, 성聖 로렌스, 미시시피 강에 관한 중요하지도 않은 잡다하고 미세한 규정들에 관한 것을 삭제하였으나 요약은 결코 아니다. 어떤 경우에는 나는 불필요하고 사소한 것들을 제거하기 위하여 압축하였으며, 어떤 경우에는 명확성을 기하기 위하여 부연하였다.[109]

가장 큰 문제는 동서양의 언어 구조에서 나오는 것과 서양 공법의 여러 개념에 해당되는 학술상의 용어technical terms들이 한문의 세계에서는 부족하다는 것이다. 용어와 개념은 근본적인 문제였다. 서양 국제법에 관해 아무런 지식이 없던 중국이나 조선의 사정으로 보아 『만국공법』의 내용을 정확히 이해하기란 매우 어려운 일이었다. 특히 『만국공법』 서두 부분의 상당한 분량은 여러 국제법 학자들의 학설을 소개하고 있는데 그런 생소한 내용을 이해한다는 것은 거의 불가능하였을 것이다. 한 가지 예를 들면 제1권 제2장에 得哩란 용어가 나오는데 이것은 키케로의 de republica의 음역이었다.

마틴의 번역이 지닌 또 다른 문제는 그가 원전의 경우보다 국제법의 자연법적인 성격을 더욱 부각시켰다는 점이다. 마틴은 목사로

109. 영문 서문, p.3. 이에 해당되는 한문 부분이 그가 작성한 「凡例」의 다음 부분인데 여기에는 좀 다른 뉘앙스로 쓰고 있다. “譯者는 오로지 精義만을 구하였고 자신의 의견을 감히 넣지는 않았다. 原書에 있는 모든 條例들을 盡錄하였으나 단지 인용한 증거들이 번잡한 것은 删滅하였을 뿐이다.” 『萬國公法』, p.22.

서 기본적으로 자연법주의자이며 기독교와 그 문화를 중국에 전파시켜야 한다는 역사적인 소명의식을 갖고 있었다. 자신의 국제법 번역이 성경 번역에 버금가는 의의를 지녔다고 공언한 것이 이를 말하여 주고 있다. 최초 번역인 『만국공법』에는 보이지 않으나 『공법회통』, 『공법편람』에는 원저에는 있지도 않은 「범례」라는 항목을 권두에 설정하여 "공법은 이의理義를 준승準繩으로 삼는다"라고 명시해 공법의 기준은 이성과 정의라는 점을 강조하고 국가 의사 위에 상위 질서가 있음을 밝히고 있다. 이 점이 자연법적인 전통을 지닌 동양의 법의식에도 합당하였고 서양 국제법에 대하여 호감을 갖게 된 하나의 계기가 되었다.[110]

마틴과 고대 중국 국제법

『만국공법』 영문 서문에서 마틴은 고대 중국에서도 서양 공법과 유사한 규칙이 있었다고 말해 서양 공법이 비록 기독교의 산물이지만 중국에서도 통용될 수 있음을 암시하였다. 그러나 『만국공법』의 발간에 대하여 당시 중국 관료층은 소극적이거나 저항적인 태도를 취하였다. 초판 300부를 각 지방 관아에 배포토록 했으나 제대로 배포되거나 보급되지도 않았다. 『만국공법』이 발간된 지 10년 후에도 서양 제도 자체를 옹호하는 저술의 도입이나 유포에도 저항하였다. 궈쑹다오郭嵩燾(1818~1891)와 같은 거물에 대한 비판이 대표적인 경우이다. 그는 1875년 영국 주재 공사로 부임하면서 총서에 보낸 일기체의 보고문이 서양 문물을 긍정적으로 평가하고 서양의 공법을 높게

110. 오히라 젠고(大平善梧)는 international law를 만국공법이라고 번역한 것 자체가 마틴이 국제법을 자연법으로 자의적으로 한역한 증거라고 쓰고 있다(井上勝生, 1991a, p.476). 그러나 서론에서 지적한 바와 같이 만국공법이라고 이름붙인 것은 훌륭한 번역이었다.

평가했다는 이유로 탄핵의 대상이 될 정도였다.[111]

중국의 지식인들 사이에 서양의 국제법 이론 전파에 저항적인 분위기가 팽배하자 마틴은 『만국공법』을 번역할 때부터 갖고 있던 고대 중국 국제법에 대한 연구에 박차를 가하였다. 『만국공법』의 내용은 춘추전국 시대에도 볼 수 있었던 제도란 점을 중국인에게 알려 서양 국제법 이론에 대한 거부감을 불식시키려 하였다.

마틴은 중국 정부의 후원으로 1880년 5월부터 1882년 5월까지 2년에 걸쳐 세계 각국의 교육제도를 시찰하였다. 마틴은 중국에 돌아와 1883년에 『서학고략西學考畧』을 발간해 자신의 시찰 결과를 발표하였다. 여기에 보면 마틴은 1881년 6월에 독일에 도착해 하이델베르크Heidelberg에서 3주 동안이나 체류하였다. 그는 이곳에서 블룬칠리와 극적으로 만난다. 후술하는 바와 같이 마틴은 블룬칠리의 저서를 1880년에 『공법회통』이란 제목으로 번역한 바 있다. 마틴은 블룬칠리의 강의를 듣기도 하고 사적으로는 프랑스어로 여러 대화를 나눈다. 마틴이 뒤에 보는 바와 같이 독일어에 능숙하지 못한 증거이기도 하다.

마틴은 1881년 9월에는 베를린에서 개최된 동양학자 대회에서 「고대 중국에서 국제법의 발자취Traces of International Law in Ancient China」를 발표하고 이 논문의 요지가 이 대회 자료집에 실렸다.[112] 이 논문은 고대 중국의 국제법 규범에 관한 최초의 학술적인 업적이다.

마틴의 발표 요지가 알려지자 그 전문全文을 발표하라는 요구가

111. 자세한 것은 김용구(1997a), pp.137～140.

112. *International Congress of Orientalists*(1881), Vol.3, Berlin, pp.71～78.

있었고 마틴은 프랑스어로 이를 번역하여 당시 프랑스의 유명한 국제법 학술잡지에 발표하였다.[113] 이 글의 요지는 다음과 같다.

춘추전국 시대에는 국제법의 완전한 체계가 존재하지는 않았으나 국제법 규범의 다음과 같은 흔적들을 찾을 수 있다. ① 공통 원칙이 있어야 유지되는 국가들의 상업적이고 정치적인 관계들이 존재하였다. ② 발달한 문명을 나타내는 의전儀典을 준수하는 사절의 교환이 있었다. ③ 조약들은 형식을 갖추어 초안되고 엄숙히 서명되며 맹부盟府에 보관된다. ④ 세력 균형은 잘 유지되었으며 강자를 견제하고 약자의 권리가 보호되었다. ⑤ 직업 외교관들의 계층이 있었다. ⑥ 중립국의 권리가 어느 정도 존중되었다. ⑦ 정당한 명분이 없는 전쟁은 금지되었다. ⑧ 비전투원의 생명과 재산은 보호되었다.

마틴의 이 글은 「중국고세공법中國古世公法」이란 제목으로 『서정총서西政叢書』(1897)에 한역되어 실려 있다. 그런데 여기에는 1884년에 마틴이 서문을 따로 작성해 게재하였는데 이 서문에서 마틴은 중국 지식인에게 아부하고 있다. 서유럽의 공법은 100~200년 전에 일어났으나 중국에서는 이미 춘추 시대에 공법이 발생됐다고 하면서 "중국 문교文敎의 흥함이 태서泰西보다 앞선 것은 마치 해가 동에서 떠서 서로 짐과 같다"[114]라고 쓰고 있다.

그러나 마틴의 의도와는 관계없이 서유럽 국제법 이론이 중국에 전파된다는 것은 당시 중국의 국제적인 불평등 관계를 고정시키는 결과가 되었다. 1840년대 이후 일련의 조약으로 중국은 반半식민지

113. Martin(1882), pp.227~242; Martin(1901), p.431.

114. Martin(1897), 서문.

화의 길을 걷게 되었다. 서유럽 국제법 이론의 근간은, 약속은 준수되어야 한다pacta sunt servanda는 것이며 국제조약은 일방적인 힘으로 파기될 수 없다는 것이었다. 현상유지의 명분이다. 중국의 예속화를 합리화시켜 주는 법적 도구가 아닐 수 없다. 이런 점이 중국에서 크게 자각된 시기는 1894년 중일전쟁 이후의 일이다.

4. 마틴과 서양 공법

『성초지장』

마틴은 휘튼의 저서에 이어 1876년에 두 번째로 마르텐스K.von Martens · 馬爾頓(1790~1863)의 저술을 번역하였다. 마르텐스는 독일 지역의 여러 국가들에 주재하는 프로이센의 대리공사를 역임한 외교관이었다. 그의 숙부 마르텐스G. F. von Martens의 영향을 일찍부터 받아 국제법에 관심을 갖고 특히 국제법사 연구에 심혈을 기울였다. 1827년에는 『국제법의 저명한 원리*Causes célèvres du droit des gens*』를 발표하였고, 1832년에는 그의 주저 『외교 지침, 외교관과 영사관의 권리와 임무의 개요*Guide diplomatique. Précis des droits et des fonctions des agents diplomatiques et consulaires*』를 세상에 내놓았다.

마르텐스의 이 책은 1866년에 한자동맹Hanseatic League 도시들에 주재한 프로이센 외교관이며 저명한 국제법 학자였던 게프켄M. H. F. Geffcken · 葛福根이 크게 증보하였다. 마틴이 1876년에 『성초지장星軺指掌』이란 제목으로[115] 한역한 저본은 이 증보판이다. 휘튼의 저술과는 달리 마르텐스의 저서는 외교의 일상적인 사항을 설명한 것으로 당시 동양의 지식인들이 이해하는 데 크게 어려움은 없었을 것이다.

마틴이 diplomatie, diplomacy란 서양의 용어를 사대 질서에서도 사용했던 외교란 낱말로 대치한 사실에 주목할 필요가 있다. 마틴이 마르텐스의 저서 서론 'considération générales sur l'étude de la diplomatie'를 '외교연유外交緣由'로 번역해 사대 질서에서 사용되었던 '외교'란 낱말을 차용해 번역하였다. 사대 질서의 외교는 나쁜 뜻을 지니고 있었다. 『예기禮記』「교특생郊特牲」에 보면, "조근朝覲하기 위해 이웃 나라를 방문하는 군주를 수행한 대부大夫가 (이웃 나라 군주를) 사사로이 만나는 것은 예가 아니고〔朝覲大夫之私覿非禮〕 다른 사람의 신하 된 사람은 외교外交를 할 수 없고 두 임금을 섬길 수 없다〔爲人臣者 無外交 不敢貳君〕"라는 말이 나온다. "사사로이 만나는 것이 곧 외교〔私覿是外交也〕"라는 것이다. 한 제후의 신하는 그 제후의 승인을 받지 않고 비밀리에 다른 제후와 교제할 수 없다는 사대 질서의 규범을 말한다. 이 경우 외교는 매우 나쁜 뜻으로 사용되고 있음을 알 수 있다. "남의 신하된 사람은 외교를 할 수 없다〔人臣無外交〕"라는 명제는 사대 질서의 규범이다.[116]

서유럽에서 나라 사이의 교섭을 지칭하는 단어로 프랑스어 diplomatie가 나타난 것은 나폴레옹 전쟁 시기였다. 드 플라상de

115. 성초는 옛 중국의 사자(使者)들이 탔던 마차를 뜻하는데 사자 일반을 지칭하기도 한다. 『萬國公法』의 동순(董恂) 서문 참조.

116. 모든 원칙이 그러하듯이 사대 질서의 이 규범도 명분의 세계를 말하는 것이지 사실의

Flassan은 그의 『프랑스 외교의 일반적 및 체계적 역사*Histoire générale et raisonnée de la diplomatie française*』(1811)에서 "수년 전부터 diplomatie란 낱말이 대외관계의 학문을 지칭하는 것으로 사용되어 오고 있다"라고 말하고 있는 것이 이런 사정을 말해 주고 있다. 『옥스퍼드 영어사전 *Oxford English Dictionary*』은 diplomacy는 1796년 버크E. Burke가 사용하기 시작하였다고 적고 있다.

나폴레옹 전쟁 이전에도 프랑스어 diplôme, diplomatique, 또 여기에 해당되는 diploma, diplomatic의 영어 단어들이 있었으나 그것은 문서를 지칭하는 단어였다. 라이프니츠G. W. von Leibniz의 『국제법 문서집*Codex Juris Gentium Diplomaticus*』(1693)이란 저서 명칭에서 보듯이 그 낱말은 공식문서나 조약집이라는 뜻으로 사용되었다. 나폴레옹 전쟁 이전 국제사회의 행위자들의 교섭 행위를 지칭하는 용어는 négocier, negotiate였다. 1716년에 발간된 칼리에르F. de Callières의 그 유명한 저서의 명칭도 『군주들과 교섭하는 방법에 관하여*De la manière de négocier avec les souverains*』였고, 이 저서에서는 diplomatie, diplomate와 같은 단어는 전혀 나오지 않는다.

이런 용어의 변경은 중대한 의미를 갖고 있다. 그것이 행위자의 변경을 반영하고 있기 때문이다. 중세 질서 행위자들의 교섭을 négotiation이라고 표현한 데 반하여 근대 질서의 행위자들의 교섭

세계를 말하는 것은 아니다. 현실의 세계에서는 사대 질서하의 조선 연행 사절 구성원이 외국 사절을 만나거나 정보 입수를 위해 활동한 예는 얼마든지 있다. 그런 정보 수집이 연행 사절의 주요한 임무 중의 하나였다. 그러나 그런 접촉이 국제적인 문제로 등장할 때에는 '인신무외교'라는 사대 질서 규범의 위반이라고 지탄받게 된다. 1876~1881년 사이에 17차례나 있었던 리훙장(李鴻章)-이유원(李裕元)의 서한 교환이 결국 이유원의 유배로 끝난 것이 대표적인 예이다. 이유원이 '인신무외교'의 죄를 범했다는 것이다. 물론 이런 서신 왕래는 고종의 윤허에 의해 이루어진 것이었다. 김용구(2001a), pp.337~340.

은 diplomacy라고 불렀다는 의미이다. 중세 질서와 근대 질서의 분기점으로 대개 30년 전쟁을 마무리한 1648년 베스트팔렌Westfalen/Westphalia 조약을 들고 있다. 그러나 이 조약으로 중세 질서가 모두 사라진 것은 물론 아니다. 두 질서가 서로 공존하는 시기가 상당히 진행되었다. 근대 질서의 행위자인 근대국가가 어느 정도 보편화된 시점에서 이러한 새로운 현상을 지칭하는 새로운 용어가 필요하게 되었다.

『공법편람』

1877년에 마틴이 『공법편람公法便覽』이라는 제목으로 한역해 동양 3국에 지대한 영향을 미친 원저의 저자 울지T. D. Woolsey · 吳爾璽(1801~1889)는 미국 뉴욕 태생으로 철저한 기독교 국제법의 제창자였다. 그런 견해가 세계정치의 주변 지역에 영향을 미친 사실 자체가 번역의 국제정치적 성격을 말해 주고 있다.

그는 일찍이 유럽의 여러 대학들에서 그리스 언어와 고전문학을 수학하였고, 1831년에는 예일 대학의 그리스 언어 및 문학을 가르치는 교수가 되어 1846년 예일 대학 총장이 될 때까지 이 방면의 연구에 몰두하였다. 그러나 총장이 된 이후 그는 관심의 분야를 역사, 정치학, 그리고 국제법으로 바꾸어 이들 분야의 강의를 시작하였다. 1860년에는 『국제법 연구 서설*Introduction to the Study of International Law*』을 출판하였다. 1878년에 세상에 내놓은 『정치학*Political Science*』은 신학에 기초한 비과학적인 저술이라고 혹평을 받았다.[117] 그의 국제법

117. *Dictionary of American Biography*(1928~1950), Vol.20, N. Y., pp.519~520; 김효전(2000); 松隈清(1992), p.392 이하; Lehr(1893), pp.84~85.

저서도 이런 경향을 띠고 있다.

울지의 『국제법 연구 서설』은 초판 이래 계속 증보판이 나왔는데 그 자신이 손질한 최후의 판본은 1879년에 나온 제5판이었다. 그러나 세상에 널리 알려진 판본은 1890년 그의 아들, 울지T. S. Woolsey가 증보한 제6판이다. 그러나 마틴의 번역 저본은 1874년의 제4판으로 여겨진다.

울지는 국제법 학설사에 있어서 실정법주의가 주류를 이루고 있었던 19세기 후반에 철저한 자연법 이론에 입각한 저서를 집필했다는 것이 특이하다. 그 서문에서 '온 인류에 보편적인 복음이 전파되고 있는 것과 같이 보편적인 국제법의 가능성'[118]이 국제법 연구에서 가장 중요한 사상이라고 말하고 있다.

그는 철저한 기독교 국제법의 전파자였다. "우리는 국제법을 기독교 국가들이 그들 상호 관계와 상호 신민들의 관계에서 의무적인 것이라고 인정하는 규칙의 총체라고 규정한다."[119] 그리고 이런 국제법 규칙은 기독교 국가들이 야만이나 반半문명국들에 대한 관계에는 적용되지 않으며, 이 경우 유럽 국가들은 "그들의 정책이나 정의의 관념에 알맞을 정도의 국제법 의무를 준수"[120]하면 된다는 것이다. 이것이 유럽 공법의 정수이다. 울지는 소박하게 사실을 말하고 있을 뿐이다.

울지의 학문적인 수준은 휘튼에 비할 바는 못 된다. 그럼에도 불구하고 마틴이 이 저서를 번역한 것은 그가 잠시 국제법을 연구하기 위해 미국에 귀국하였을 당시 울지와 친분을 맺은 것이 인연이

118. Woolsey(1897), p.x.
119. Woolsey(1897), p.3.
120. Woolsey(1897), p.4.

되었기 때문이다.

『공법회통』

마틴이 1880년 『공법회통公法會通』이라는 제목으로 한역한 책은 취리히Zürich 출신 블룬칠리J. C. Bluntschli(1808~1881)의 저서였다. 블룬칠리는 당시 동양에 알려진 그 누구보다도 높은 학문적인 수준을 가진 법학자였다. 그는 처음부터 신학보다는 현실 정치에 관심을 가져 취리히 정치학교Institut politique에 입학하였다. 그후 베를린 대학, 본 대학에서 수학하고 본 대학에서 법학박사를 취득하였다. 그는 1830년에 취리히로 다시 돌아와 관직생활을 하였는데 현실 정치에 관심이 너무 많아서 일생 교수직과 정치인 사이를 왕래하였다. 그의 친구 말대로 그는 "7분의 4는 정치가, 7분의 3은 대학 교수였다."[121] 1836년부터는 취리히 대학에서 로마법, 법사, 그리고 독일 사법私法의 정교수가 되었다. 그러나 취리히 시장 선거에 낙선하자 1848년에는 뮌헨 대학 교수로 자리를 옮겼다. 이 시기를 전후해 그는 사법에서 공법으로 관심의 영역을 바꾸었다. 그리하여 극찬을 받았던 우수한 업적 『일반국법학*Allgemeines Staatsrecht*』을 1851~1852년에 출간하였다. 그리고 브라터K. Brater와 함께 『독일국가학사전*Deutsches Staatswöterbuch*』(1857~1870)을 편집해 출판했는데 이 책은 그후 몇십 년 동안 가장 널리 사용된 사전이었다. 1860년에는 바덴Baden 정부가 그를 하이델베르크 대학 교수와 더불어 바덴의 상원인 제1원院의 의원을 겸할 것을 제의해 수락하였다.[122]

이 시절부터 그는 국제법 분야에 여러 업적을 세상에 내놓았다.

121. Kleinheyer(1976), p.34.
122. Kleinheyer(1976), pp.35~36.

그 대표적인 저술이 마틴이 한역한 『문명국들의 근대 국제법*Das Moderne Völkerrecht der Civilisierten Staten*』이다. 초판은 1868년에, 그리고 1872년에 제2판이, 1878년에 제3판이 나왔다. 이 저서는 여러 언어로 번역되었는데 라르디C. Lardy가 프랑스어로 번역한 것은 1869년에 초판이 나온 이래 계속 증보하여 1895년에 제5판이 나왔다. 마틴이 한역한 저본은 프랑스 번역이었는데 몇 년도 판을 사용하였는지는 더 조사해 보아야 한다. 그 밖에도 러시아어, 스페인어, 일본어로 번역되었다.

블룬칠리는 국제법을 종교로부터 해방시킨다는 입장에서 출발하고 있다.[123] 국제법의 적용지역이 이제 유럽을 벗어나 전 세계로 확산되었다는 점도 강조한다.[124] 기독교 대신에 문명이란 척도를 사용해 국제법을 문명국들의 법임을 강조하고 있다.[125]

그의 저서는 독특한 내용과 형식을 취하고 있다. 서문과 862개의 명제들이 9권으로 구성되어 있다. 이런 형식 때문에 『공법회통』을 한때 『공법천장公法千章』이라고도 불렀다. 이들 명제들은 그가 국제법의 법전으로 되어야 한다고 판단한 것들이어서 있는 법lege lata뿐만이 아니라 있어야 할 법lege ferenda도 언급하고 있다. 이들 명제들은 그가 다시 소문자로 해설을 붙였는데 여기에는 독일 민족주의적인 열정으로 분석하고 있는 것들이 있어서 주의해야 한다.

그의 이런 법전화 구상은 리버F. Lieber 교수의 법전화 계획안에 따른 것이다. 리버 교수는 미국 남북 전쟁 당시에 링컨 대통령의 전투

123. Bluntschli(1895), pp.19~20.

124. Bluntschli(1895), pp.59~60.

125. Bluntschli(1895), p.62. 그의 저서명을 보더라도 이런 입장은 처음부터 명백한 것이다. G. R-J(1869), pp.291~294.

지시들을 법전화의 한 계획안으로 1863년에 작성하였다. 블룬칠리는 이 계획안을 그의 저서 부록으로 첨부하였고 마틴도 이 부록을 번역하였다. 블룬칠리가 자신의 이런 구상을 서문에서 길게 설명하였는데 마틴은 이 서문을 번역에서 제외하였다. 따라서 『공법회통』의 독자들은 블룬칠리 저서의 전체 구도를 알 수 없게 되었다.

『공법신편』

마틴이 영국의 홀W. E. Hall이 지은 『국제법*A Treatise of International Law*』을 번역해 출간한 연도를 1901년이나 1903년으로 표기하는 견해도 있으나 1902년이라고 판단한다. 『공법신편公法新編』을 구해 보기 어려운 사정에서 비롯된 오류라고 생각한다.[126]

마틴이 『공법회통』 서문에서 밝힌 바와 같이 그는 구미 각국의 국제법 저서들을 골고루 번역하려고 하였다. 휘튼과 울지는 미국인이고 블룬칠리는 독일인이어서 영국인 홀의 저서를 번역하기로 했다고 마틴은 『공법신편』 서문에서 밝히고 있다.

홀의 저서는 19세기 후반에 나온 연구 중 가장 훌륭한 업적이라고 히긴스A. P. Higgins는 말하고 있으나[127] 이것은 영국의 업적만을 놓고 평가한 결과이다. 당시 유럽 대륙에서는 기라성 같은 학자들이 있었다. 영국에서 대륙의 국제법 이론이 본격적으로 소개된 것은 20세기에 들어와 오펜하임L. Oppenheim이 케임브리지 대학 교수로 부임한 이후의 일이었다.

홀은 로리머J. Lorimer, 웨스트레이크Westlake와 같은 정규 교수와는

126. 미국 하버드 대학 엔칭(燕京) 도서관에는 도서 카드는 있으나 실물은 찾을 길이 없다. 필자는 중국 상하이(上海) 도서관의 소장본을 참조하였다.

127. Higgins(1932), p.44.

달리 우연한 기회에 국제법 학자가 되었다. 그는 어려서 부친을 따라 외국에서 생활하였다. 부친은 하노버Hanover 국왕[128]의 의사, 나폴리의 영국 공사관 소속 의사로 근무하였다.

홀은 옥스퍼드 대학에서 법과 역사 분야에서 학위를 받았으나 이런 일에는 관심이 없고 이탈리아의 예술과 등산에 열중하였다. 그러나 1866년 프로이센과 덴마크의 전쟁에 덴마크를 위해 전투에 참가한 것이 계기가 되어 국제법 분야에 글을 쓰게 되었다.[129]

마틴이 번역한 홀의 원저는 1880년에 초판이 나오고 1924년까지 제8판까지 보완되었다. 이 저서는 전형적인 국제법 교과서인데 유념할 일은 휘튼이 창안한 국가 승인의 창조적 효과설을 크게 선전하고 있다는 점이다.

마틴은 1890년 제3판을 저본으로 삼았으나 번역이라기보다는 편찬編纂의 형식을 취하였다. 원서의 자구字句에 전혀 구애받지 않고 어떤 부분은 생략하고 어떤 경우에는 원저보다 자세히 설명하고 있다. 더욱이 마틴은 문답의 형식으로 편집하였다. 그리고 원저의 주석을 본문으로 옮겨 놓았다. 원저의 형식 자체를 변경하여 중국 대학당大學堂의 학생들을 위한 교과서로 쓰게 하였다.[130]

마틴의 번역 작업은 1900년 의화단 사건으로 우여곡절을 거치게 되었다. 이런 사정은 마틴의 한문 자서自敍와 대학당 부교습副敎習 처아오策鰲의 변언弁言[131]에 잘 나타나 있다. 1898년에 마틴이 대학당 총

128. 하노버 국왕은 1814~1815년 빈 회의 결정으로 영국 왕실에서 선출되었다.

129. 소책자 『중립국의 권리와 의무The Rights and Duties of Neutrals』로 국제법 분야의 연구를 시작하였다. 그 밖의 저술에 관해서는 Higgins(1932), pp.44 이하 참조.

130. 『公法新編』 범례 참조.

131. 마틴은 그의 한문 자서를 1901년 음력 7월에, 영문 자서는 1901년 8월에 작성하였고, 처아오의 변언은 1901년 음력 7월에 작성되었다.

교습이 되자 홀의 저서를 번역하기로 하고 다음해부터 작업에 착수하였다. 1900년 의화단 사건이 일어나기 전에 홀의 저서의 반 정도를 번역하였다. 그런데 번역 원고는 다행이 마틴이 갖고 서산西山의 보주동寶珠洞에 있었다. 이때 부교습 처아오가 마틴이 무사히 보주동에 있다는 소식을 듣고 찾아와 번역의 진행을 계속할 것을 요청해 1902년 음력 3월에 일단 완성하였다. 그리고 마틴이 장지둥張之洞의 초청으로 우창武昌의 대학당 총교습으로 가면서 번역 원고를 다시 교정해 1902년 음력 9월에 상재上梓했다는 것이다.

『공법신편』은 몇 가지 면에서 주목해야 할 저서다. 먼저 리훙장李鴻章의 한문(1901년 음력 9월)과 영문으로 된 서문이 있다. 한문 서문에서 리훙장은 중국의 북부 지방이 비록 의화단 난의 와중에 있으나 동남 지역이 평온한 것은 중국이 공법을 지킨 결과이며 이런 사정은 1885년 중국과 프랑스 전쟁 때도 같았다고 중국의 공법 지지를 천명하고 있다. 『공법신편』을 지키면 전쟁은 영원히 사라질 것이고 이것이 자신과 마틴의 희망이라고 피력하고 있다. 영문 서문은 간략하다. 이 서문을 쓰고 열흘 후인 1901년 11월 7일 리훙장은 사망해 이 서문이 그의 절필絶筆이 되었다.

또 하나 주목할 것은 『공법신편』 서두에 중서자목합벽中西字目合璧 Terms and Phrases이란 항목이 있다는 점이다. 1901년 당시 국제법 용어에 관한 번역을 알 수 있어 중요하다.[132]

19세기 유럽 공법의 본질은 유럽 국가들만을 주체로 인정하면서 세계로 팽창하는 그들의 식민정책을 옹호하고 선전하는 법적 도구

132. 몇 가지 예를 들면 권리를 Rights and Privileges로, 외교는 Foreign Intercourse로, Diplomacy는 방교(邦交)로, 그리고 최후통첩을 의미하는 Ultimatum은 중국음으로 愛底美敦書로, 그리고 Uti possidetis를 各據所占之例로 번역하고 있다.

라는 점에 있다. 이런 본질은 그들의 저술이 한문으로 번역되어 동양에 전파되면서 크게 영향을 미친 휘튼, 마르텐스, 울지, 블룬칠리, 그리고 홀에게서 더욱 두드러지게 나타나고 있다. 그럼에도 이런 저술들을 마치 '개화'의 길잡이로 한동안 생각하였던 것 자체가 국제정치적이다.

Part 3

조선과 만국공법

5. 사대교린 질서와 공법 질서의 충돌

강화도 조약

조선이 수백 년 지녀 온 사대와 교린[133] 질서의 개념은 메이지明治 일본에 의해 도전받고 파괴되기 시작한다.[134] 일본은 교린 질서를 부정하고 해체시키는 명분을 서양 공법에서 찾는다.

메이지 유신 직후 일본 정부는 조선 정책의 변혁을 시도하였다. 메이지 원년인 1868년 5월에 세 차례에 걸친 회의에서 다섯 가지의 기본원칙을 결정하였는데 그중 하나가 일본은 이제 서계書契의 양식

133. 교린 질서의 특징에 관해서는 김용구(2006a), pp.415~419; Yongkoo Kim(2006b) 참조.

134. 18세기 북학의 실학자들은 사대 질서가 세계사의 흐름으로 보아 더 이상 작동할 수 없음을 이미 폭로하였다. 그 대표적인 예로 필자는 특히 홍대용을 들고 그의 사상을 여러 글에서 밝힌 바 있다.

을 변경하고 천황이란 명칭을 사용해 조선 국왕의 지위를 낮춘다는 것이었다. 이런 취지에 따라 일본 외무성은 1869년 10월 29일(구력 9월 29일) 조선 정책의 중대한 변경을 건의하였다. 교린 질서는 조선과 쓰시마번對馬島藩의 사교私交에 입각했기 때문에 열강이 이를 만국공법에 따라 힐문해 오면 해명할 수 없다는 것이다.[135] 일본식 해석에 의한 서양 공법의 논리로 교린 질서를 파괴한다는 입장이었다. 이때부터 조선과 일본은 어떤 유형의 국제사회를 지향해야 하는가에 관하여 이른바 8년의 위기가 조성되었다.[136]

이 위기는 1876년 강화도 조약으로 외형상으로는 일단 마무리되었으나 교린과 공법 두 개념의 충돌은 계속되었다. 조선의 대표들은 후술하는 바와 같이 만국공법에 관해 초보적인 지식을 갖고 강화도 회담에 임하였다. 강화도 회담(1876년 2월 5~27일)은 학계 일각에서 주장하고 있는 것과는 달리 조선의 입장이 상당히 반영된 교섭이었다. 강화도 조약은 그 체결 과정이나 내용을 다시 해석하고 재평가해야 한다.[137]

먼저 조약의 형식은 서양 공법에서 규정한 양식을 충실히 따르고 있다. 교린 질서의 약조約條[138]와는 형식 자체가 판이하게 다르다. 이런 형식의 변경에 대해 조선은 아무런 이의도 제기하지 않은 것에 유념할 필요가 있다. 그리고 조약의 내용은 조선의 주장이 상당히 반영되어 일본이 의도한 교린 질서의 해체가 아니라 변형을 초

135. 김용구(2001a), p.153, 159; 김용구(2006a), p.420, pp.422~423.

136. 1868~1875년 사이 이른바 서계 양식에 관한 두 나라의 분쟁이다. 서계는 특정한 유형의 국제사회에서 통용되는 교섭 문서의 양식을 의미한다. 일본은 변형된 공법 논리에 의한 양식을, 조선은 교린 질서의 양식을 주장해 위기가 조성되었다.

137. 김용구(2001a), pp.192~209.

138. 교린 질서에서 통용된 합의 형식인 약조에 관해서는 김용구(2006a), pp.415~416.

래하였다. 강화도 조약의 제1조, 제2조의 내용이 이를 잘 말해 주고 있다.

> 제1조(조선의 자주). 조선국은 자주지방自主之邦으로서 일본국과 평등한 권리를 보유한다…. 먼저 종전에 (양국 사이의) 교정交情을 조색阻塞하는 환患이었던 모든 예규例規를 모두 혁제革除한다.

조선과 일본의 세계 인식 차이를 잘 나타낸 조항이다. 많은 연구들이 이 조항으로 조선과 일본이 사대 · 교린 질서의 해체를 합의한 것으로 해석하였다. 이런 해석은 수정되어야 한다.

이 조항은 사대 질서의 개념인 '자주'와 서양 공법 질서의 개념인 '독립' 두 개념이 충돌하고 있는 현실을 반영하고 있다. 사대 질서 안에서 외번外藩의 정교금령政敎禁令은 자주에 임하여 왔다. 조선 측은 이런 의미로 이 조항을 인식하였다. 그러나 일본은 자주는 곧 독립을 의미하며 서양 국제법에서 말하는 주권국가로 해석하였다. 이 두 인식의 충돌이 한동안 계속되어 양국의 분쟁으로 표출되었다.

조선과 일본의 관계를 저해한 모든 규정을 폐기한다는 규정도 양국은 달리 인식하였다. 조선은 교린 질서의 연장으로, 그리고 일본은 그 질서의 파괴를 규정한 것으로 해석해 큰 혼란을 야기하게 된다.

> 제2조(사절의 파견). 일본국 정부는 지금부터 15개월 후에 수시로 사신을 조선국 경성京城에 파견하여 예조판서와 친접親接하여 교제의 사무를 상의商議할 수 있다. 이 사신의 주류 기간駐留期間의 장단長短은 모두 시의時宜에 따른다. 조선 정부도 역시 수시로 사신을 일본국 도쿄東京에

파견하여 외무경外務卿과 친접하여 교제의 사무를 상의할 수 있으며 이 사신의 주류 기간의 장단도 역시 시의에 따른다.

이 조항도 교린 질서와 국제법 두 질서의 충돌을 분명하게 나타내 주고 있다. 이 조항이 강화도 조약 교섭에 있어서 가장 타결하기 힘든 문제였다. 일본은 서양 공법질서의 상주 외교사절제도가 마련된 것이라고 판단하였고, 조선은 교린 질서의 제도가 연장된 것으로 여겼다. 상주 외교사절제도는 서양 국제법 제도 중 핵심적인 내용이다. 교린 질서의 통신사 제도는 이와는 매우 다르다. 중요한 현안 문제가 발생하면 사신을 파견하고 상대 국가에서 체류하는 기간도 대개 15일 정도에 그치는 것이 예사였다. 통신사 제도는 서양 중세의 외교제도와 매우 흡사한 것이었다. 조선과 일본은 이 문제에 접근하는 태도가 처음부터 상이하였고 조약 체결 후 1880년까지 계속 현안 문제로 남게 되었다. 양국 관계를 한동안 긴장시키게 된 것은 이 조항을 잘못 타결한 일본의 실수에 기인하였다.

구로다 기요타카黑田淸隆가 받은 훈령은 "피아彼我의 친목을 도모하기 위해 양국의 수도에 서로 사신을 재류在留시키고 그 사신은 예조판서와 대등의 예禮를 갖는다"라고 되어 있었다.[139] 상주 외교사절의 제도를 명백히 말하고 있다. 그러나 구로다 일행의 실수로 이 중대한 문제를 제대로 타결하지 못하였다.

이런 훈령을 집행하기 위해 구로다가 처음 조선에 제출한 제안은 애매하고 불평등한 내용을 담고 있었다. 이 초안에 보면 조약이 체결되고 15개월 이후 일본 사신이 조선에 오면 병권대신秉權大臣과

139. 『日本外交文書』 8, 문서번호 64, p.146.

만나고 조선 사신이 도쿄에 가면 외무성의 귀관貴官과 만난다는 것이다. 그리고 이들 사신들은 상대국 수도에 머물든지 또는 일이 타결되면 귀국하든지 한다고 불분명하게 규정되어 있었다.

조선은 강력히 반대하였다. 반대 제안의 요지는 다음과 같다. 일본 사신은 병권대신을 만나고 조선 사신은 외무성 귀관을 만나는 것은 평등의 예禮가 아니다. 만일 조선 사신이 외무성 귀관만을 만나면 일본 사신도 예조만을 만나야 한다. 이런 조선의 반대를 일본은 곧 수락하였다.

조선의 반대 제안은 다시 이어진다. 개항장이 설정되어 통상이 진행되면 이에 수반되는 일들은 양국의 지방관들이 서로 만나 타결하면 되고 사신이 별도로 서울에 주류駐留할 필요는 없다. 양국의 해로海路가 험난하여 사절이 자주 왕래하는 것도 양국에 이로운 것이 못 되기 때문에 10년 혹은 15년씩 간격을 정하여 사신이 오가는 것이 양국에 편리하다.

결국 제2조는 신헌申櫶과 미야모토 고이치宮本小一의 회의에서 타결되었는데 미야모토의 실수로 상주 외교사절제도가 정확하게 규정되지 못하였다. 일본의 제안 중 서울에서 병권대신을 만나 교제의 사무를 상의한 일본 사신은 서울에 머물든지 귀국하든지 시의에 따른다는 내용을 신헌이 수정을 요구하여 조약 본문의 내용과 같이 되었다. 미야모토는 신헌의 교제 수완에 놀아난 꼴이 되었다.

양국의 상반된 입장을 절충한 조약 본문의 내용은 매우 애매하여 그후 양국의 현안 문제로 남게 되었다. 강화도 조약의 후속조치를 마무리하기 위해 미야모토가 1876년 7월 30일에서 8월 26일까지 서울에 체류하면서 12회에 걸쳐 형조참판 조인희趙寅熙와 회담하고 신헌, 윤자승과는 한 차례의 특별회의를 하게 된다. 수호조규 부록과 무역

규칙은 성립되었지만 일본 공사의 주경駐京과 내지경과內地經過 문제 두 현안은 끝내 합의되지 못하였다.

공사 주경 문제에 대해 양국은 첨예하게 대립하였다. 이 문제에 대한 미야모토의 제안은 다음과 같다.

> 앞으로 양국 수도에 설치하는 사신의 관사館舍는 이곳 인민의 집을 임대하든지 또는 대지를 임대하여 관사를 건축함은 그때의 편의에 따른다.[140]

일본은 수호조약 제2조가 당연히 상주 사절을 규정한 것이라고 해석해 위와 같은 제안을 하였다. 조선은 8월 7일(음력 6월 18일) 반대 입장을 분명히 하였다. 그 주요 내용은 대략 다음과 같다. 조선은 외국과 통상하고 있지 않아서 일본 공관이 개설되면 필경 의외의 일이 생긴다. 또 일본 이외의 공관이 개설되지 않기 때문에 일본 공관이 할 일이 없다. 그리고 몇 곳을 개항하여 이 지역과 연락 사무를 한다고 하나 산천이 멀리 떨어져 있어 서로 왕래할 일이 없을 것이다. 따라서 작은 일이 생기면 서계로 왕래하고 큰 일이 생기면 서로 사절을 파견하면 되는 것이니 서울에 공관을 설치한다는 것은 결코 시행할 수 없다.[141]

이렇게 되자 미야모토는 신헌과 회담할 것을 요청하였다. 수호조약 체결 당사자들을 직접 만나 그들의 의견을 듣겠다는 것이었다. 8월 13일 신헌, 윤자승尹滋承, 현석운玄昔運 등 강화도 조약 체결 당시

140. 『日本外交文書』 9, 문서번호 66, p.211.

141. 『倭使日記』 卷 4, 丙子 6월 18일; 『日使文字』 卷 一, 丙子.

조선의 인사들이 미야모토가 머물고 있던 경기 중영中營 청수관清水館에 나아가게 되었다. 강화도 조약 제2조의 취지를 어떻게 생각하느냐는 미야모토의 질문에 신헌은 조선의 입장을 다음과 같이 명백하게 밝혔다.

> 우리나라는 조약상 위배한 바는 없다. 제2조에 있는 바와 같이 때에 따라 사신을 파견하고, 즉 우리나라의 수신사, 귀국의 이사관과 같은 사람이 서울에 주류할 수 있음은 원래 알고 있다. 그런데 조약면條約面에 공관을 설치한다는 문자가 없으며 이제 다시 조약 밖의 일을 우리 정부가 승낙할 수는 없다. 또한 (제2조에서 말하는) 주류의 길고 짧음은 그때의 편의에 따른다 함은 가령 사신이 서울에 오래 머물러도 우리나라가 귀국歸國 시기를 독촉하지 않는다는 것이다.[142]

신헌과 윤자승의 설명을 들은 미야모토는 이 문제의 토의를 중지하지 않을 수 없었다. 공사의 가족 문제와 같은 부속 문제의 토론도 자연 중단되었다. 이들 모든 문제의 해결은 1880년 김홍집金弘集이 일본을 다녀온 다음 조선 조정이 새로운 외교정책을 채택할 때까지 기다려야 했다. 하나부사 요시모토花房義質는 변리공사辦理公使로 승진되어 1880년 12월 17일 서울에 도착하였다. 그리고 12월 27일에는 고종을 알현하고 일본의 국서를 봉정하였다. 봉정식 이후로 사절의 서울 주재는 묵시적으로 승인되었다. 그리고 사절 가족들의 문제는 임오군란의 사후처리와 더불어 해결된다.

하나부사가 조선에 도착한 1880년 12월 17일은 『만국공법』이란

142. 『日本外交文書』 9, 문서번호 85, p.256.

특이한 책이 조선에 전래된 시기라고 한동안 여겨 온 날짜이기도 하다.

『만국공법』의 전래

19세기 전반 조선의 세계 인식은 웨이위안魏源의 『해국도지海國圖志』와 쉬지위徐繼의 『영환지략瀛環志略』에 의거하였다.[143] 그러나 1866년 프랑스의, 1871년 미국의 침략과 같은 약탈제국주의에 한반도가 노출되면서 이런 부정확하고 초보적인 자료에 의해서는 현실세계를 제대로 인식할 수 없었다. 19세기에 들어오면서 형성되기 시작한 조선의 오지사고를 더욱 심화시키는 결과를 초래하기 마련이다.[144]

서양 국제법의 본질을 파악할 수 있는 『만국공법』이 언제 조선에 전래되었는가 하는 문제는 매우 중요한 학문적이고 현실적인 과제이다. 이에 관해서는 1877년 12월 17일자 조선의 기록인 「왜사문답倭使問答」, 「왜사일기倭使日記」, 「일사문자日使文字」, 그리고 일본 문헌인 「선린시말善隣始末」을 최초의 공문서 기사로 한동안 여겼다. 이들 기사들에 의하면 하나부사가 이날 『만국공법』과 『성초지장』을 예조판서 조영하趙寧夏에게 기증하였다고 되어 있다. 일본 학자들은 물론이고 일부 국내 학자들까지도 이들 기사를 의심 없이 받아들여 『만국공법』이 최초로 조선에 전래된 시기를 이 시점으로 잡는 견해에 동조하고 있다.

그러나 『만국공법』이 이 시기 이전에 이미 조선에 전래된 사실을 영국 외교문서는 말해 주고 있다. 일본 주재 영국 공사 파크스

143. 김용구(2002a), pp.95~99.
144. 오지사고의 내용에 관해서는 김용구(2006c) 참조.

H. Parkes는 강화도 조약체결에 참여했던 모리야마 시게루森山茂로부터 조선의 사정을 자세히 듣고 이를 1876년 3월 27일 본국 정부에 보고한 바 있다. 모리야마는 조선의 대표들이 이제 일본 이외의 나라들과 조약을 체결할 가능성을 인식하고 있으며 휘튼 국제법의 베이징 번역본을 갖고 있다고 다음과 같이 말하였다.

> 다른 나라들이 조선에 와서 일본이 한 것과 유사한 요구를 할 가능성을 그들(조선 대표들)은 충분히 내다보고 있으며 어느 정도 이에 대해 준비가 되어 있다. 그들은 중국과 외국이 체결한 모든 조약들의 사본을 갖고 있으며 휘튼 국제법의 베이징 번역본을 갖고 있다. 모리야마가 만난 한 관료는 20년 동안 계속 베이징을 방문했으며 홍콩에도 다녀왔기 때문에 그들(조선 대표들)은 유럽과 미국의 여러 다른 나라들을 알고 있다.[145]

베이징을 오랫동안 다녔다는 인사는 바로 오경석吳慶錫을 말한다. 오경석은 1876년 1월 30일 인천 앞바다 대부도에서 강화도로 향하고 있던 일본 대표단의 미야모토 고이치와 모리야마 시게루를 만나 양국의 현안에 관해 솔직한 심경과 전권全權과 같은 제도를 알고 있노라고 말한 바 있다.[146] 하여간 『만국공법』이 1876년 2월 이전에 조선에 전래된 것만은 확실하다. 그러나 구체적으로 언제 조선의 지식인들이 이 책을 구해 읽기 시작했는지는 앞으로 더 천착해야 할 문제다.

145. Parkes to Derby, Mar. 27, 1876, *Anglo-American Diplomatic Material, relating to Korea, 1866~1886*, p.47.

146. 자세한 것은 김용구(2001a), pp.210~211.

이동인

1879년 9월 초 이동인李東仁(1849~1881)[147]은 일본 옷을 입고 벙어리로 가장해 부산에서 일본으로 떠난다. 초기 개화파 인사들이 이동인을 이렇게 극적으로 일본에 파견하게 된 근본 목적이 바로 서양 국제법 지식을 터득하기 위한 것이었다. 오쿠무라 엔신奧村圓心 일지에 수록된 「동인일본만유사정東仁日本漫遊事情」에 이렇게 실려 있다.

> 동인東仁은 원래 승려이나 평범한 애국愛國 호법護法의 신경가神經家로 최근 조선국 국운이 날로 쇠퇴하고 종교는 이미 땅에 떨어지려고 하는지라 이때에 혁명당 박영효, 김옥균 등이 국가의 쇠운衰運에 분개하여 크게 쇄신하려 하다. 그리고 동인 역시 의견이 꼭 들어맞았던 까닭에 위 두 사람이 동인을 인견引見하여 중용하기에 이르다. 이 때문에 (동인은) 열강의 공법 등을 알기 위해 우리나라 종문宗門에 귀의함으로써 일본에 도항하려 하다.[148]

김옥균金玉均, 박영효朴泳孝가 모든 난관을 무릅쓰고 이동인을 일본에 밀파한 첫째 목적이 열강의 공법, 즉 만국공법을 익히게 하려는 데 있다는 사실 자체가 중요하다. 당시 개화파 인사들에게 있어서 서양 국제법에 관한 지식이 얼마나 시급하였고 중요하게 여겨졌는지를 단적으로 말해 주고 있다. 사대 질서와 국제법 질서의 충돌을 인식하게 된 것이다.

강화도 조약 이후 한동안 조선과 일본 사이에는 이른바 무관세

147. 이동인에 관해서는 김용구(2001a), pp.263~273, 299~306.

148. 『朝鮮國布敎日誌』(1985), p.270. 이동인과 오쿠무라 엔신의 히가시 혼간지 부산 별원에서의 접촉에 관해서는 『朝鮮開敎五十年誌』, pp.137~138.

시대가 열렸다. 일본 상품의 유입과 아울러 조선의 미곡, 금, 동전 등이 일본으로 대거 유출하게 되었다.

조선 조정은 그 폐해를 곧 인식하게 되었고, 중국 정부에 관세에 관하여 수차례 문의하기도 하였으며, 1878년에는 부산에 해관海關을 설치하고 해관세를 징수하기에 이르렀다. 그러자 일본은 그 철회를 주장하고 그들 상인과 군인들은 부산에서 행패를 계속 부렸다. 1879년 윤閏 3월에는 하나부사가 해관세 징수에 대한 손해배상 요구와 인천, 원산의 개항을 타결하기 위해 다시 조선에 오게 되었다.

조선 조정은 5월 30일(음력 4월 10일) 이 문제를 길게 토의하게 된다. 고종은 왜인이 해양을 핍박하고 머물지 않는 곳이 없음을 개탄하고 그 작폐가 날로 심한 것을 개탄하였다. 영의정 이최응李最應은 예부터 이적夷狄을 대하는 도道는 그 성품을 순화시키고 치지도외置之度外하는 것인데 이번 부산의 사건에 통분한다고 말하였다. 고종은 다시 여러 대신들의 의견을 물은즉 아무도 할 말이 없다고 하자 김옥균의 의견을 묻게 되었다. 홍문관 부교리 김옥균은 강대講對가 오늘과 같이 오래 정지된 적이 없다고 전제하고 오늘날 외국의 사신과 이양선이 날로 빈번히 경내에 들어오니 대책을 강구하지 않을 수 없다고 하면서 선린善隣과 이적夷狄을 추방하는 방책을 『춘추春秋』, 『좌전左傳』, 국어國語에 능한 유신을 불러 강대를 자주 하는 길에서 찾을 것을 진언하였다.[149]

김옥균은 홍문관 교리답게 중국 고전을 인용하였으나 마음속으로는 그 방책을 신지식과 만국공법에 의거한 근대 외교라고 어렴풋이 생각하고 있었을 것이라고 이용희 교수는 추측하고 있다.[150]

149. 『승정원일기』 6, p.731.
150. 이용희(1973), p.10.

이때는 그가 박영효와 함께 이동인을 일본에 밀파하여 근대 국제법 지식을 습득하게 하는 것이 이런 난국을 타결하는 데에 급선무임을 자각하고 그 계획을 추진하고 있을 때였다.

이동인은 일본 교토 히가시혼간지東本願寺에서 1880년 4월 5일 일본 승려가 되는 득도식得道式을 갖는다. 그는 곧 도쿄 아사쿠사淺草 히가시혼간지 별원別院에 숙소를 정하고 5월 12일에는 도쿄 주재 영국 공사관 일등 서기관 사토E. Satow를 찾는다. 이동인과 영국 공사관은 극적으로 연결된다. 또한 이동인은 8월 11일 도쿄에 도착한 김홍집 수신사를 8월 하순 아사쿠사 별원에서 상봉하게 된다. 그리고 9월 하순 이동인은 조선으로 떠난다. 그는 다시 11월 15일 도쿄에 나타나 사토를 찾아 아예 사토 집에 머문다. 이동인은 조선이 장차 외국과 체결할 조약의 초고를 이미 작성해 놓았다고 밝히고 다음 해에는 대규모 일본 시찰단이 일본에 파견될 것이라고 언급해 신사유람단의 계획을 미리 사토에게 알려준다.[151]

『조선책략』

김홍집의 일본 파견은 조선의 대외인식 변화에 중대한 영향을 미친 사건이었다. 그가 비록 짧은 기간(1880년 8월 11일~9월 8일) 일본에 체류했으나 그가 남긴 정치적 영향은 대단한 것이었다.

일본에 있으면서 김홍집은 세계의 정세로 보아 조선이 서양 열강과 통상하지 않으면 안 된다는 것을 실감하였다. 또 그런 권유를 중국과 일본으로부터 강력하게 받았다. 김홍집은 다만 조선 국내의 반대 여론이 심하여 급격한 변화를 할 수 없음을 안타까워하였

151. 이동인의 이런 행각에 대해서는 김용구(2001a), pp.263~306.

다.[152] 새로운 세계정세와 더불어 유럽 국제정치의 핵심적인 개념들이 거론되었다. 특히 균세均勢와 자강自强에 관한 논의가 이루어졌는데 균세를 위해 조선은 열강과 조약을 체결해야 된다는 것이었다. 외교제도에 관해서도 김홍집은 거론하고 있다. 일본이 조약을 맺은 나라가 17개 국가에 달하며 일본이 외국에 사절을 파견한 곳도 15개 국가에 이른다고 하면서 그 명칭도 전권공사 또는 변리공사와 같이 상이하다고 쓰고 있다.[153]

중국과 일본의 이런 입장이 글로 작성되어 김홍집에게 전달되었다. 중국의 문서가 『조선책략』이고 일본의 문서는 매우 간략한 것이었다. 9월 7일 김홍집이 이노우에 가오루井上馨 자택을 방문하였을 때 이노우에는 세계정세에 관해 길게 말한 바 있다. 특히 러시아 해군의 위험을 열거하고 조선이 타국과 조약을 체결하지 않으면 만국공법을 받들지 않는 국가가 되어 러시아의 침탈을 받아도 열강의 도움을 받을 수 없음을 강조하였다. 이에 김홍집은 문서로 작성해 줄 것을 요청한 바 있었다. 김홍집이 도쿄를 떠나는 8일에 이노우에는 아사쿠사 혼간지에 머물고 있던 김홍집을 방문하고 이 자리에서 이노우에는 하나의 서계와 함께 윤자승에게 보내는 서한을 수교하였다. 이노우에가 전달한 서계는 러시아의 위험을 재차 강조하고 조선이 열강과 조약을 체결할 것을 부탁하고 있다.[154] 윤자승에게 보내는 서한도 같은 취지의 내용이었다.[155]

9월 6일 황쭌셴黃遵憲이 도쿄의 아사쿠사 혼간지로 김홍집을 예방

152. 이노우에와 8월 16일에 있었던 대화는 김용구(1995~1996), 46, pp.318~319. 그리고 허루장(何如璋)과 8월 26일에 가진 대화의 내용은 『수신사기록』, p.180.

153. 『수신사기록』, pp.154~155.

154. 『일안』, 1, pp.53~54.

155. 『수신사기록』, pp.159~160.

하고 자신이 쓴 『조선책략朝鮮策略』[156]을 전달하였다. 이 소책자가 그 후 조선 정가에 돌풍을 일으키게 되었는데 이 문건이 담고 있는 새로운 외교정책의 명분으로 보아 그럴 만하였다. 핵심적인 내용을 몇 가지로 요약할 수 있다.

첫째, 러시아의 위험을 예방해야 된다는 방아론防俄論이 주류를 이루고 있다. 세계정치 질서에서 본다면 한반도가 영국의 세력 범위에 속해야 되고, 동북아 지역의 정세로 보면 동북아 3국이 러시아의 남하에 공동 대처해야 된다는 논리이다. 러시아의 이런 위험에 대처하는 길을 중국과 친하고(親中國), 일본과 결합하며(結日本), 미국과 연결하는(聯美國) 데에서 찾아야 한다는 것이 핵심 내용이다.

둘째, 조선이 장차 택할 새로운 외교노선은 중국의 지휘를 받아야 한다는 것이다. 이런 발상은 정교금령은 자주에 임한다는 사대질서의 개념과 배치되는 것이다. 임오군란 이후 현실로 나타난 한반도 속방론屬邦論의 징조가 이때에 이미 나타난다.

셋째, 새로운 일본관日本觀의 대두, 그리고 미국과 조약을 체결할 것을 강조하고 있다는 점도 획기적인 내용이다.

『조선책략』은 조선이 서양 국제법 질서에 편입하는 것을 권하고 있다. 그 질서를 뒷받침하는 것이 명분으로서는 공법公法이요, 정치현실로는 균세均勢라는 것이다. "태서泰西의 공법은 남의 나라를 멸망

156. 『朝鮮策略』의 여러 판본에 관해서는 김용구(2001a), p.283, 주 42. 그런데 『수신사기록』에 보면 1880년 8월 23일(음력 7월 18일) 허루장(何如璋)과 장쓰구이(張斯桂)가 김홍집의 숙사에 찾아온다. 이 자리에서 허루장이 서양에는 균세의 법이 있다고 하자 김홍집은 균세 두 자는 공법에서 비로소 보았다고 대꾸하였다. 이보다 이틀 전에 김홍집은 허루장 공사와의 대담에서 최근 『만국공법』의 서문을 읽었노라고 말한 바 있는데 이 서문을 쓴 사람이 바로 장쓰구이였다. 이로 미루어 보아 위의 23일의 만남에서 그 서문의 집필자를 직접 만난 김홍집이 이에 관하여 대화가 있을 법한 일인데 『수신사기록』이나 다른 문헌에 이에 관한 언급을 찾을 수 없다.

시키지 못하게 한다. 그러나 조약을 맺지 않은 국가는 유사시에 (이 공법에) 참여할 수 없는 것이다." 그리고 현재의 천하天下는 모든 나라들이 전국 시대戰國時代보다 서로 대결하고 있으나 나라를 유지할 수 있는 것은 균세가 있기 때문이다. "따라서 무사함을 보장받고자 하면 너무 약하지도 너무 강하지도 않음을 구해야 한다"[157]라고 세력 균형 원칙의 핵심을 언급하고 있다. 이런 외교노선이 결정되면 모든 일은 중국과 상의하여 실천에 옮기라는 것이다. 이 부분이 『조선책략』이 지니고 있는 또 하나의 주요한 내용이다.[158]

『조선책략』은 1880년부터 대두되기 시작한 중국의 조선 속방론에 입각해 조선이 유럽 공법 질서에 편입하도록 권고하는 정책 문서였다. 중국의 변형된 사대 질서에 입각한 공법 이론이어서 조선의 입장에서 보면 매우 이율배반적인 압력이었다. 한편으로는 서양 열강과 평등한 조약을 체결하라고 하면서 다른 한편으로는 중국의 지배를 감수하라는 것이었다. 조선 사회는 이질 개념들이 혼동하는

157. 『김총리유고』, p.309; 『日本外交文書』 13, p.391.

158. 친중국으로 분식한 조선 속방론의 핵심 부분은 다음과 같다. "배신(陪臣)을 베이징(北京)에 주재하도록 주청(奏請)하고 또 사신을 파견하여 도쿄에 주재케 하고 워싱턴에 사신을 파견하여 소식을 통하게 한다. (중국과의) 평황성(鳳凰城) 무역을 확충하도록 주청하고 중국의 상인이 부산, 원산, 인천 등 각 항구에 와서 통상하도록 하여 일본의 농단(壟斷)을 막도록 하고, 또 (조선의) 국민이 나가사키, 요코하마에 가서 무역을 익히게 한다. 그리고 곧 주청하여 육, 해군이 중국의 용기(龍旗)를 계속 사용하고 전국(全國)의 휘장으로 삼는다. 또 학생을 베이징 동문관(同文館)에 보내어 서양 언어를 익히고, 즈리(直隸)에 가서 회군(淮軍)에게서 병사를 연습하며, 상하이 제조국(製造局)에 가서 기계를 배우고, 푸저우(福州) 선정국(船政局)에 가서 조선(造船)을 배우도록 한다. 무릇 일본의 선창(船廠), 포국(砲局), 군영(軍營)도 모두 가서 배워야 한다. 서양 사람의 천문(天文), 산학(算學), 화학(化學), 광학(鑛學), 지학(地學)도 모두 가서 배워야 한다. 또 부산 등지에 학교를 세워 서양 사람을 초청하여 교습하도록 하여 무비(武備)를 널리 닦도록 한다. 참으로 이렇게 한다면 조선 자강(自强)의 기틀이 바로 이것인 것이다." 『김총리유고』, pp.310~311; 『日本外交文書』 13, p.392.

늪에 빠지게 된다. 이런 개념의 혼동을 유길준俞吉濬은 후술하는 바와 같이 양절체제兩截體制라는 개념으로 해석하였다.

하여간 『조선책략』은 당시 조선의 위정자들에게 상당한 영향을 미쳤다. 이런 사정은 김홍집이 귀국한 직후 고종이 영의정 이최응과 가진 대화에 잘 나타나 있다. 두 사람의 대화 중 『조선책략』에 관한 부분만을 보자.

> 고종: 수신사가 가지고 온 책자는 청국의 사신이 보낸 것이라고 하니 그후의가 일본보다 깊은데 대신도 그 책자를 보았소?
>
> 최응: 일본이 이처럼 친절한데 청나라 사람은 더 하지 않겠습니까? (그 책에 관하여는) 필히 들은 바 있습니다. 따라서 우리나라로 하여금 이에 대비해야 되는데 우리나라 사람들은 본래 의심이 많아서 이 책을 닫아 연구하지 않을 것입니다.
>
> 고종: 그 책을 보니 과연 어떠합니까?
>
> 최응: 신이 과연 그 책을 보니 그 사람이 논파하는 모든 조목이 신의 심산과 부합됩니다.[159]

『이언』

김홍집은 『조선책략』과 함께 중국인 정관잉鄭觀應(1842~1922)[160]이 저술한 『이언易言』을 가지고 돌아왔다. "쉽게 이야기하지 말라無易由言"는 『시경詩經』의 구절에서 책의 제목을 차용한 이 소책자도 조선 지식인들에게 크게 영향을 미친 저술이었다. 『이언』의 출판연도에

159. 『고종실록』 상, p.621.

160. 정관잉의 생애와 저술에 관해서는 김용구(1997a), pp.147~158.

관해서는 여러 견해가 있다. 초판은 왕타오王韜가 정관잉의 동의도 받지 않고 1880년에 출판한 38편 본이고, 제2판은 정관잉이 왕타오가 자신의 저술을 출판한 것에 당황해 그 자신이 다시 손질해 1882년에 출판한 20편 본이라는 학설에 필자는 따른다.

이 학설이 사실이라면 김홍집이 1880년에 조선에 돌아오면서 가지고 온 『이언』은 왕타오가 출판한 38편 본이다. 아직까지도 국내 학계에서는 36편 본만이 소개되어 있고 정작 정관잉 자신이 새로 개작한 20편 본은 소개되어 있지 않다. 1880년 이래 정관잉 자신의 사상이 올바르게 국내에 알려져 있는지 의심스럽다.

두 판본의 형식은 매우 다르다. 정관잉은 36편 본 중 과격한 부분을 삭제하였을 뿐 아니라 목차 자체의 용어를 변경하기도 하였고 전체의 구도를 변경하였다. 각 편의 내용도 판이하다는 데에 주목해야 한다. 국제정치와 국제법에 관계되는 항목의 내용을 36편과 20편의 서술을 비교해 보도록 하자.

36편의 「논공법」과 20편의 「공법」을 보면 서술체계와 내용이 매우 상이하다. 정관잉은 「논공법」에서 다음과 같이 쓰고 있다. 하늘의 도道는 수백 년 동안은 조금 변하나 수천 년이 지나면 크게 변한다고 전제한다. 그리고 하상주夏商周 이후 2천 년이 지나 진秦이 6국을 폐하고 군현郡縣을 세운 것을 획기적인 시점으로 잡는다. 그 이후 현재의 시점이 다시 획기적인 시기가 되었다. 중국은 기왕에는 흉노匈奴, 거란契丹과 같은 종족들과 대립하였으나 이제는 서양 세력과 대적하게 되는 이른바 화이연속지천하華夷聯屬之天下의 시대가 되었다. 이러한 정관잉의 시각은 쉐푸청薛福成의 견해를 그대로 인용한 것이다.[161]

161. 쉐푸청의 생애와 저술에 관해서는 김용구(1997a), pp.141～146.

정관잉은 중국이 이런 획기적인 시기에 대처하기 위해서는 크게 변하지 않으면 안 된다고 역설한다. 공법을 연마해야 됨은 물론이고 병기, 윤선, 광무鑛務에 힘을 써야 한다는 것이다. 그런데 그에게 특이한 점은 이런 양무운동의 불가피성을 당시 역사적 변환기의 성격에서 찾았으며 그 변환기의 천하가 지탱되는 근거를 공법에서 구했다는 점이다. 그리고 그 공법은 각국이 스스로 만국 중의 하나라는 인식이 전제되어야 한다는 것이다. 각국이 서로 우호를 다지면서 안정을 찾을 수 있는 것은 『만국공법』이라는 한 책이 있기 때문이다.[162]

공법의 공公은 어떤 한 나라가 그것을 자기의 것으로 할 수 없기 때문이며, 법法이란 각국이 그 모범을 모두 얻는다는 뜻이다. 그리고 명허明許(명시적), 묵허默許(묵시적)의 성법性法(자연법), 예법例法(실정법)은 이의理義, 즉 이성과 정의를 그 기준으로 삼고 있다는 것이다. 이것은 『공법회통』, 『공법편람』의 「범례」에 나오는 구절인데 블룬칠리, 울지의 원 저서에 나오는 것이 아니라 마틴 자신이 작성하여 덧붙여 놓은 것임은 전술한 바와 같다.

중국도 이제 만국의 하나이기 때문에 중국과 열강의 사신들이 모여 중국 자신의 율례律例와 만국공법 사이에 같은 점과 다른 점을 서로 의논하여 같은 것은 서로 지키고 다른 점은 서로 비교하여 타협점을 찾아야 한다고 정관잉은 주장한다. 그리하여 이런 합의된 점을 파괴하는 자는 만국공법을 파괴하는 자로서 응징해야 된다는 것이다. 도道가 있는 나라는 비록 작은 나라라 하더라도 스스로 일어설 수 있으며, 도가 없는 나라는 비록 부강하여도 번창할 수 없다고 결론

162. 국제법의 규칙들이 『萬國公法』이라는 하나의 책에 집대성된 것으로 착각한 또 하나의 예이다.

짓고 있다. 그러면 도는 무엇인가? 정관잉은 이에 대하여 침묵하고 있다. 이것이 그의 특징일 것이다. 쉐푸청이 옛 성인의 법이라고 결론짓고 있는 것과 대비된다. 사실 당시 거의 모든 지식인은 쉐푸청과 같은 논지를 펴고 있었다. 위에서 보아 온 것이 36편 본 「논공법」의 내용이다.

20편 본의 「공법」은 「논공법」의 절반 정도의 분량에 불과하며 매우 압축해 서술되어 있다. 그리고 중국의 국제법상 불평등한 사정이 크게 부각되어 있다. 「공법」의 내용은 다음과 같다. 3대 이후 춘추에 이르기까지를 '봉건의 천하', 그리고 진秦이 통일한 이후 현재까지를 '군현의 천하'라고 규정하여 중국에는 한 나라만이 존재하였다. 「논공법」에서 보는 '화이연속지천하'라는 용어는 여기에는 보이지 않고 이런 획기적인 시기에 공법 등을 연마해야 된다는 내용도 찾을 수 없다. 다음으로 공법이란 무엇인가라는 질문에 각국이 스스로 만국 중 하나임을 인식하고 서로 연결되어 있고 통할하려 하지 않는 도道라고 규정한다. 여기에서 균세均勢, 회합會合, 동맹의 법이 나온다. 따라서 공법이란 만국의 대화약大和約이라는 것이다.

중국이 동문관을 열고 공법을 번역하고 서학西學을 배우려고 힘을 기울임에도 불구하고 조약상 불평등을 감수하고 있는데 이를 해결하는 방도는 무엇인가? 관세를 비롯한 모든 문제는 중국 스스로가 결정할 문제이기 때문에 각국에 선고하기를 일정한 시기에 모두 모여 회의에 부치도록 하여야 한다는 것이다. 그리고 중국 자신의 율례와 만국공법의 같고 다름을 따져 같은 것은 서로 지키고 다른 것은 각자 자기의 옳음을 시행하되 다른 편에 해를 미치지 않게 하고 그 가운데에 위치한 것은 서로 절충하여 결정하자는 것이다. 그리하여 이런 합의를 위반한 자는 각국이 모두 성토하자는 것인데 이는 「논공

법」의 내용과 같다. 「공법」은 이러한 매우 소박한 견해로 끝을 맺고 있다.[163]

『이언』이 조선 지식인들에게 큰 영향과 호응을 불러일으켰다. 『만국공법』의 내용이 난해한 데 비해 『이언』은 중국인이 서술한 간략하고 명백한 내용을 담았기 때문이다. 이런 사실은 『이언』이 조선에 들어오면서 곧 한글로 번역되었다는 사실에 잘 나타나 있다.[164] 그리고 『이언』의 수요가 급증하자 1883년 음력 3월에는 전래된 한문본 『이언』의 복간본도 간행되었다.[165]

『이언』이 전래되면서 상당한 영향을 미친 대표적인 예로 1883년 1월 30일(음력 1882년 12월 22일) 윤선학尹善學의 상소를 들 수 있다.

> 신이 중국인이 편한 『이언』 책자를 보니 가위可謂 치세治世의 요체이며 이 사람은 변통에 통달하고 변화를 아는 인사입니다. (그리고) 비로소 (오늘의) 천하의 일이 진秦, 한漢, 당唐 시대의 세상과 다름을 알았습니다.[166]

따라서 이 책의 한글 번역이 필요하다고 느꼈을 것이며 그런 번역을 추진한 인사들은 김윤식, 강위姜瑋와 같이 한글 병용을 주장한 인사들이 중심이 되었을 것이라고 추정할 수 있다.

163. 36편과 20편은 공법 항목뿐 아니라 '교섭', '통사', '서학' 등의 항목에서도 내용이나 서술방식이 크게 달라 전체적인 비교 검토가 있어야 한다. 정관잉의 공법 사상은 『盛世危言』(초판 1894)에 이르러 크게 변한다. 김용구(1997a), pp.157~158.
164. 한글 번역본 4권이 언제, 누가 번역한 것인지 정확히 알 길이 없다. 이에 관해서는 김용구(1997a), pp.333~334.
165. 이광린(1981), p.26.
166. 『승정원일기』 8, p.294.

6. 만국공법 비판론

김기수

김기수金綺秀(1832~?)[167]는 당상 역관 현석운玄昔運, 이용숙李容肅과 더불어 수행원 30명 정도를 거느리고 1876년 5월 22일 부산을 떠나 6월 28일 부산에 다시 도착하는 1개월에 걸친 단기간 일본을 방문하였으나 그의 임무는 막중한 것이었다. 그는 메이지 유신 이후의 일본을 처음으로 시찰하는 사절이었으며 그의 견문은 조선의 일본 정책

167. 강화도 조약 체결을 마친 신헌은 3월 1일(음력 2월 6일) 고종을 알현하였다. 이 자리에서 고종은 장계(狀啓)로 알린 것 이외에 말할 것이 있으면 하라고 하자 신헌은 병력의 증강을 역설하고 사대교린과 함께 무비를 튼튼히 하면 능히 나라를 지킬 수 있다고 진언하였다(『고종실록』 상, p.522). 이어서 고종이 다시 말할 것이 있느냐는 질문에 신헌은 수신사 파견을 다음과 같이 아뢰었다. 조약 체결 이후 6개월 이내에 일본에 답례하고 일본의 습속을 살피며 유람하는 목적으로 일본에 사신을 파견하는 것을 구로다가 요청했다고

수립에 결정적인 자료가 될 수 있었다. 교린체제의 통신사가 아니라 공법 질서의 외교사절 의미를 어느 정도 지니고 있었다. 그러나 김기수는 이런 역사적인 임무를 수행하기에는 적절치 못한 인물이고 최초의 수신사 파견은 실패였다고 필자는 판단한다.[168]

그는 사대 질서와 공법 질서의 행위자를 구별하지 못하였다. 공법 질서의 행위자는 근대국가이며 근대국가는 경제국가와 군사국가의 특징을 지니고 있다. 이것이 바로 부국강병론이다. 그런데 김기수는 부국강병론을 조롱하고 있다.

고종에 바친 「문견별록聞見別錄」의 결론 부분에서 그는 이렇게 말하고 있다.

> 이른바 부국강병의 술術은 오로지 통상을 하는 것인데 통상도 이익만을 꾀하는 것이 아니고 반드시 거래가 있어서 이쪽에서 가서 저쪽과 통상하고 저쪽에서 와서 이쪽과 통상합니다. 오늘날 일본은 각국과 통상하는데 그 수효가 심히 많습니다만 가서 통상하고 오는 나라는 일본 한 나라이고 와서 통상하고 가는 나라는 천하의 각국입니다. 그런데 일본이 생산하는 것이 이전보다 10배가 넘지 않을 것인즉, 생산하는 것은

하면서 부산에서 화륜선을 타면 7~8일이면 도쿄에 도달할 수 있다고 신헌이 아뢰었다. 이에 국왕은 그러면 이것이 통신사냐고 되묻자 신헌은 종전과 같은 번거로움을 피하고 일을 아는 사람[解事者]을 보내면 되니 이는 통신사와는 다르다고 진언하였다. 그리고 통신사는 일본의 여러 번(藩)을 통해 도쿄에 도달하였으나 이번의 사절은 도쿄에 직접 도착한다고 그는 말하고 있다. 『일성록』, 3월 1일(음력 2월 6일). 통신사 일행은 대개 500명 정도의 대규모였으나 김기수의 수행원은 30명 정도였다. 일본은 1871년에 이미 번을 폐하고 현(縣)을 두는 근대적인 행정 개편을 단행한 이후였다. 따라서 신헌의 이런 얘기는 중대한 의미를 갖는다. 그는 지금 교린제도의 변형을 말하고 있기 때문이다.

168. 김기수는 4월 27일(음력 4월 4일) 사폐(辭陛)하고 7월 21일(음력 6월 1일) 복명하였다. 그런데 이 두 날에 있었던 대화를 보면 김기수는 고종의 기대에 전혀 부응하지 못하고 있음을 알 수 있다. 대화의 내용은 김용구(2001a), pp.217~220.

하나이고 소모하는 것은 여럿이어서 물가가 등귀하는 것은 당연합니다. 이에 날마다 돈을 찍어 내어 이에 대처하지만 돈이 천하고 물자가 귀하면 반드시 패하는 길입니다. 하물며 교묘하지 않은 기술이 없으며 정교하지 않은 기예가 없어서 자연을 모두 써서 더 이상 여지가 없으니 외양外樣으로 보기에는 위에서 아뢴 조항에서와 같이 더 이상 강하고 부한 것이 없으나 가만히 그 형세를 관찰할 것 같으면 (부국강병은) 장구長久한 술術이라고는 할 수 없습니다.[169]

그러나 그는 만국공법에 관해 「일동기유」에서 몇 가지 언급을 하고 있다.

만국공법이라고 하는 것은 제국諸國이 동맹을 체결하는 것으로서 마치 육국六國의 연횡連衡의 법칙과 같은 것이다. 어떤 한 나라가 곤란하면 만국이 이를 구하고, 또 어떤 나라에 허물이 있으면 만국이 이를 공격하여 애증愛憎과 공격함에 치우치는 것이 없다. 이것이 서인西人의 법인즉, 바야흐로 이를 그대로 지키고 있어서 허물이 감히 있을 수 없다.[170]

김기수는 일본 체류 중에 만국공법에 관해 설명을 들었든가 아니면 『만국공법』의 장쓰구이張斯桂 서문을 읽은 것으로 추정된다. 장쓰구이는 세계의 4강국을 춘추 전국 시대의 열강에 비유해 설명하였는데 미국을 진秦, 러시아를 초楚, 영국과 프랑스를 제齊, 오스트리아와 프로이센을 로魯와 위衛, 그리고 터키와 이탈리아를 각각 송宋

169. 『동문휘고』 4, p.4179; 「일동기유」, 『수신사기록』, pp.109~110.
170. 「일동기유」, 『수신사기록』, p.70.

과 정鄭으로 비유해 설명하였다. 이들 국가가 서로 병존하는 것은 그간에 조약들이 계속 지켜지고 있었기 때문이라고 적고 있다. 김기수의 이 기록 하나만 보더라도 『만국공법』이 1877년 12월 하나부사의 기증으로 처음 전래되었다는 견해가 사실과 다름을 알 수 있다.

이유원

서양 공법에 대한 회의적인 태도는 보수적인 정치 세력의 정점에 서 있던 이유원李裕元(1814~1888)이 리훙장과 나눈 서한들에 잘 나타나 있다. 두 사람은 현대적인 용어로 표현한다면 외교정책 문제에 관해 모두 17번에 걸쳐 서한을 교환하게 된다.

1875년 운요호雲揚號 사건을 계기로 일본이 조선에 새로운 조약의 체결을 강요하자 중국은 이 분쟁에 어떻게 대처해야 하는지를 고민하게 되었다. 이에 총서는 1876년 1월 17일(음력 광서 원년 1875년 12월 21일)에 기본 방향을 정하였다. 조선은 비록 속방이지만 모든 정교금령은 조선이 스스로 행해 왔으니 일본과 수호修好하는 일도 조선이 주지主持하라는 것이었다.[171] 리훙장은 총서가 일반적인 정책을 결정한지 이틀 후에 구체적인 조선 정책을 총서에 전달하였다.[172]

이즈음 리훙장은 이유원의 서한을 우연히 받게 된다. 영중추부사領中樞府事 이유원이 1875년 여름 왕세자 책봉을 청하기 위해 베이징에 간 길에 즈리直隸 융핑푸永平府 지부知府 유즈카이游智開를 통해 리훙장에게 하나의 서한을 전달한 것이 계기가 되었다. 이 첫 번째 이유원의 서한을 1876년 1월 9일에 리훙장이 받아 보았고, 리훙장은 그다음 날

171. 『淸光緖朝中日交涉史料』 上, 문서번호 1, p.1.
172. 『李文忠公全集』 5, pp.104~106; 김용구(2001a), pp.237~238.

이유원에게 답장을 보냈다. 두 사람의 처음 서한은 일본과 조약 체결에 관한 내용이었고, 리훙장은 조선이 일본에 대적할 수 없으니 조약을 맺으라는 충고에 머물고 있었다.

그러나 1879년 4월 일본이 유구琉球를 병합하자 중국은 돌연 일본 경계로 돌아섰고, 일본이 조선을 침략하는 것을 저지하는 길은 조선과 서양 열강 사이에 조약을 체결하는 데 있다는 정책으로 선회하였다. 이런 정책은 1879년 음력 5월 푸젠福建, 순무巡撫, 딩르창丁日昌의 건의에서 비롯되었는데, 이때부터 리훙장은 서양 공법의 유효성을 이유원에게 강조하게 된다. 두 사람의 17편 서한 중 열 번째 서한인 1879년 8월 26일자 리훙장의 서한은 이렇게 말하고 있다.

> 연이나 일본이 두려워하는 것은 태서泰西입니다. 조선의 힘으로 일본을 제어하기에는 부족할까 염려되나 태서와 더불어 통상하여 일본을 제어한다면 남음이 있을 것입니다. 태서의 통례에는 무고하게 남의 나라를 멸망시키지 못하게 하고 있습니다. 대저 각국이 서로 대치하여 경쟁할 수 있는 것은 그들 사이에 공법이 행해지고 있기 때문입니다.[173]

리훙장은 이어서 지난해 터키가 러시아의 침탈을 모면한 것도 공법의 혜택이며 벨기에比利時, 덴마크丹馬와 같은 작은 나라가 각국과 조약을 체결하여 존재하는 것이 곧 강국과 약국이 서로 병존하는 증거라고 역설하였다.

당시 조선은 원산과 인천의 개항 문제로 고민 중에 있었으며,

173. 『淸季中日韓關係史料』 2, 문서번호 309의 2, p.368; 『淸季外交史料』 1, p.311; 薛福成, 「代李伯相三答朝鮮國相李裕元書」, 『庸盦文外編』 卷 3, 65.

부산에서 해관세 징수 문제로 일본과 첨예한 대립 상태에 있었다. 이 모든 일이 강화도 조약의 체결로 인하여 나타난 문제였기 때문에 이런 와중에 또다시 서양 세력과 조약을 체결한다는 것이 조선 조정으로서는 고민이 아닐 수 없었다.

이런 조선 조정의 분위기를 잘 나타내 주는 것이 위의 리훙장 서한에 대한 1879년 12월 24일자(음력 11월 12일) 이유원의 답신이다. 이유원은 리훙장의 견해를 길게 반박하고 있다. 조선은 부득이 일본과 조약은 체결하였으나 그후에 있었던 일본의 작폐를 논하고 이에 비추어 서양과 통상이 이루어진다면 조선에 피해만을 초래할 것이라고 진단하였다. 또한 적敵으로 적敵을 제압한다는 옛날의 방책은 현재에 이르러서는 채택할 수 없는 것이라고 지적하고 있다. 특히 조선과 같이 러시아와 일본 두 나라와 국경을 맞대고 있고 문약文弱하고 스스로 내치에만 몰두하고 대외 관계에 여력이 없는 나라로서는 이 정책은 통용될 수 없다고 주장하였다. 이유원은 또 리훙장의 만국공법 찬양론에 정면으로 반대하고 있다. 이 서한을 보면 당시 조선의 조정 내부에서는 서양 권력정치의 본질을 어느 정도 인식하고 있었다고 판단한다. 이유원 서한의 일부 내용을 보자.

> 또한 태서泰西의 공법이 남의 나라를 무고하게 멸滅하지 못하게 하나 러시아의 강함으로써 터키에서 군사를 일으킨다고 한다면 우리나라가 무고하고 혹은 러시아의 병탄倂呑의 독을 받지 않은 것 역시 제국諸國이 이를 금지해서입니까? 유독 어리둥절하고 의심이 있어 알 수 없는 일이 있습니다. 일본이 유구 왕琉球王을 폐하고 그 강역疆域을 삼킨 것은 걸송桀宋의 행동입니다…. 터키를 쇠망에서 구할 때는 공법에 가히 의지하고 이미 망한 유구를 일으키는 데에는 공법이 이를 행하기 어렵다는

> 것입니까? 더구나 일본 사람들이 걸桀과 같이 간사하고 각국을 경시하고 방자하며 이익만을 탐내고 있는데 공법이 행할 수 없는 것입니까? 벨기에와 덴마크는 작은 나라로서 여러 큰 나라 사이에 있어서 강국과 약국이 서로 병존함에 의존하고 유구 왕은 수백 년 동안 오래된 나라이나 서로 병존을 할 수 없음은 유구가 고립되어 있어서입니까? 아니면 각국과 떨어져 있어서 공법이 여기에 미치지 못하여 행하지 않았기 때문입니까?[174]

리훙장은 이 서한을 1880년 3월 15일(음력 2월 5일)에 받아 보았고, 이틀 후인 17일에 그는 「논조선論朝鮮」이란 제목의 서한을 총서에 발송하고 있다. 그는 여기에서 조선을 위해 중국은 방책을 마련했는데도 조선은 아직 시무時務를 깨닫지 못하고 있다고 통박하고 있다.[175]

리훙장과 이유원의 서한 교환은 두 사람 개인의 의견 교환이 아니었다. 이것은 두 나라의 정책 방향에 관한 의견 교환이었다. 리훙장의 서한이 중국의 국가정책에 입각한 것이었고, 이유원의 경우도 처음부터 고종에게 주달奏達되어 그후 계속 고종의 윤허 아래서 진행되었다. 이유원의 글들은 실은 고종의 뜻이었다고 김윤식은 1881년 겨울 바우딩푸保定府에 갔을 때 리훙장에게 밀서密書로 알린 바 있다.[176] 그러나 이유원이 서한 왕래의 비밀을 누설하여 이유원-리훙장의 채널이 단절되고 이유원은 인신무외교人臣無外交의 죄로 유배된다.

174. 『淸季中日韓關係史料』 2, 문서번호 329의 1, pp.399~400.

175. 「論朝鮮」, 『李文忠公全集』 5, p.250.

176. 김용구(2001a). pp.312~321.

서양 개념 저항 운동

만국공법은 기본적으로 사대 질서를 파괴하는 정치운동의 개념이다. 따라서 사대 질서를 옹호하는 반대 세력으로서는 정치투쟁을 전개하게 된다. 조선 사회는 바야흐로 국제사회 유형에 관한 투쟁의 장소로 변하여 정국은 혼란의 와중에 휩싸이게 된다. 1880년 11월 3일(음력 10월 1일) 병조 정랑 유원식劉元植이 『조선책략』을 비판하는 상소를 한 것을 필두로 1880~1881년에 걸쳐 반대 상소가 연이었다.[177] 『조선책략』의 내용에 대한 본격적인 비판은 이만손李晩孫이 소수疏首가 되어 1881년 3월 25일(음력 2월 26일) 상소한 영남 만인소萬人疏다. 8개 항목에 걸쳐 비판하고 있는데 그 내용에는 괄목할 만한 것이 있다.

방아론防俄論 자체를 비판하고 있다. "저들은 형적도 없는 러시아를 꾸며 대고, 아무 관계도 없는 미국을 등장시키며, 강하고 사나운 일본을 앞잡이로 삼아 그 중간에서 연결하려고 하는 것입니다"[178] 라고 하여 방아론의 핵심적인 허구성을 꼬집고 있다. 조선은 1870년대부터 세계정치에 있어서 영국의 영향권에 편입되었다는 점을 누차 강조하여 왔다. 그 구체적인 표현이 소위 방아론인데 만인소는 바로 이 점을 지적하고 있는 것이다. 만인소의 내용을 보자.

> 러시아는 본래 우리와는 혐의가 없는 나라이옵나이다. 공연히 남의 이간을 듣고 우리의 위신을 손상시키거나 원교遠交를 핑계로 근린近隣

177. 『매천야록』, p.51. 그러나 유원식은 외교정책적인 면에서 비판한 것이 아니고 종교적인 측면에서 이를 공격하고 있다. 『조선책략』에 보이는 야소천주(耶蘇天主)의 학(學)이 주육(朱陸)과 같다는 글귀를 비판하였다(『고종실록』 상, pp.623~624). 김홍집은 이날 이조참의가 되었고, 3일에는 위 상소로 인하여 사직을 원하는 상소를 하였으나 불허되었다.

178. 「만인소」(1977), p.95.

을 배척하오면 행동과 조치措置가 전도顚倒되고 허虛와 정靜이 앞뒤가 뒤바뀌게 될 것이옵나이다. 만일 이것을 구실 삼아 분쟁을 일으킨다면 전하께서는 장차 어떻게 이를 구제하시겠나이까. 이것이 이해가 분명한 사실의 넷째이옵나이다.

하물며 러시아, 미국, 일본은 같은 오랑캐이옵나이다. 그들 사이에 누구는 후하게 대하고 누구는 박하게 대하기는 어려운 일이옵나이다. 또한 두만강 일대는 국경이 서로 맞닿아 있사온데 저들이 일본에서 이미 시행한 예를 따라 미국이 신설한 조약을 근거로 터전을 요구하여 거기에 와서 살고 물품을 요구하여 교역을 독점한다면 전하께서는 장차 어떻게 이를 장악하시겠나이까. 이것이 이해가 분명한 사실의 다섯째이옵나이다.[179]

더 나아가 만인소는 미국과의 연결을 옛날 육국六國의 연횡連衡을 예로 들어 『조선책략』이 강조하고 있으나 육국이 연횡을 이룬 것은 서로 국경이 맞닿아 있어서 가능한 것이지 먼 바다를 건너 미국의 힘을 빌린다는 것은 불가능하다는 점을 역설하고 있다. 친중국은 너무나 당연한 논리이고 연미국은 불가능한 것이고 결일본은 망국적인 발상이라는 것이다. 미국과 러시아에 대한 만인소의 이런 관점은 사대 질서에 입각한 대외 인식이지만 주목할 점들이 있다.

만인소를 시작으로 서양 서적의 전래에 대한 비판이 연이어 일어나게 된다. 1881년 4월 21일(음력 3월 23일)에는 황재현黃載顯과 홍시중洪時中의 상소가 있었다. 황재현은 현재의 정세는 중국이 천하를 호령하지 못하고 러시아, 프랑스, 미국, 영국이 부도不道를 자행하고 있으니

179. 「만인소」(1977), pp.97~98.

실로 난국이라고 전제하면서 『조선책략』은 근본을 알지 못하는 것이라고 비판하고 있다.

그 뜻은 이웃나라와 연결하여 외환을 방어하고 통상의 유무를 피차간에 적용하려는 것에 불과할 뿐입니다. 그리하여 이를 잘 적용하면 부국강병할지는 모르오나 잘못하면 도리어 오랑캐를 불러들여 화를 초래하게 되옵나이다.[180]

무과에 급제한 홍시중의 상소는 매우 격렬한 것이었다. 그는 일본에 대한 정책의 실패를 길게 비판한 후 모든 외래 서적들을 불살라 버릴 것을 결론으로 삼고 있다.

소위 만국공법, 공사公史, 지구영환地球瀛環, 신보申報, 흥아회잡사시속興亞會雜事詩續, 금일초공업今日抄工業, 육학六學 등 서書, 황쭌셴 책략策略 등 허다문자許多文字를 청하옵건대 일일이 색출하여 종로에서 불살라 버리시오소.[181]

1881년 8월 30일(음력 윤 7월 6일) 강원도 유생들의 복합상소伏閤上疏가 있었다. 이항로李恒老의 문하생 홍재학洪在鶴이 그 소수疏首였는데 이 상소는 가장 과격한 내용을 가진 것이었다. 현재 국내에는 양인洋人,

180. 『고종실록』 중, p.5.

181. 『고종실록』 중, p.7. 『고종실록』에는 상소문이 발췌되어 있고 『승정원일기』에는 전문이 실려 있으나 六學, 黃遵憲策略 등이 누락되어 있다. 또한 책 이름에 관하여도 『고종실록』이나 『승정원일기』를 훗날 국사편찬위원회에서 서로 다르게 구두점을 찍었다.

양물洋物 등으로 양염洋染[182] 되어 있다면서 당시의 풍조를 다음과 같이 개탄하고 있다.

> 소위 중서문견中西聞見,[183] 태서문견泰西聞見, 만국공법 등 허다한 이류異類의 사서邪書들이 나라 안에 충만되어 있는데 소위 명사名士와 석유碩儒들, 새로운 것을 좋아하고 신기한 것을 숭상하는 무리들이 서로 끌고 들어가 즐거워 돌아올 줄 모르고 서로 그 아름다움을 칭송하고 있습니다.[184]

상소문은 이어서 『조선책략』을 임금에게까지 바치고 대신들은 이 책이 자기들의 마음과 일치한다고 하니 이 무리들은 야소교耶蘇敎의 심복이며 유럽 세력의 내응자라고 규탄하면서 이들의 처형을 주장하고 있다. "옛날의 교린은 나라를 보전하려는 것이었으나 오늘의 교린은 조종祖宗의 땅을 깎아 내는 것"[185]이라고 하면서 통리기무아문統理機務衙門을 폐하고 전통적인 오위제五衛制의 부활을 건의하고 있다. 나아가 충정에서 상소를 한 허원식許元栻, 유원식, 홍시중, 황재현黃載顯, 이만손李晩孫, 김조영金祖榮, 김석규金碩奎, 한홍렬韓洪烈을 오히려 유배에 처한 것을 항의하면서 자신들 소수疏首 몇 사람을 유배에 처할 수 있으나 지금 만백성의 한결같은 원성을 전하의 힘으로는

182. 양물, 양염은 이항로, 기정진 이후 위정척사파들이 공법 질서 반대의 전형적인 선전 용어였다. 김용구(2002a), pp.102~104.

183. *Peking Magazine*인 『중서문견록(中西聞見錄)』을 말하는데 1876년에는 *Chinese Scientific and Industrial Magazine*인 『격치휘편(格致彙編)』으로 이름을 바꾸었다. 이 『중서문견록』은 훨씬 이전부터 조선 식자들이 알고 있었다. 1874년 甲戌 6월 29일자 박규수가 청국의 萬靑藜에 보낸 서한에 『중서문견록』의 얘기가 나온다. 『박규수전집』 상, p.740.

184. 『고종실록』 중, p.14.

185. 『고종실록』 중, p.15.

제어할 수 없다고 끝맺고 있다. 홍재학은 이달 20일에 서소문에서 참형을 당하고 만다.[186]

홍재학의 상소와 같은 날 경기 유생 신섭申櫶 등이 같은 취지의 상소문을 올렸다. 신섭은, 아라사가 비록 우리와 국경을 맞대고 있으나 은혜나 원수진 것이 없는데 전쟁을 한다는 것은 이치에 맞지 않으며 미국은 야소耶蘇의 국가로 이와 통상하면 반드시 사교邪敎에 오염될 것이고, 이유원이 스스로 인신무외교의 죄를 범하면서까지 리홍장이 주장하는 서양과의 통상을 논하였으니 김홍집이나 이유원은 모두 같은 무리라고 비판하였다. 그는 이어서 김홍집을 변호한 곽기락郭基洛 같은 자는 김홍집이 만일 『조선책략』을 받지 않았다면 그것은 받지 않은 죄보다 더 크다고 말하고 있으니 곽기락도 김홍집과 같은 무리라고 매도하였다. 더욱이 이동인이 김홍집과 가까운 것은 다 아는 일인데도 김홍집은 이자를 모른다고 감히 말하고 있다고 꼬집었다.[187]

186. 『매천야록』, p.107.

187. 『고종실록』 중, p.16.

7. 파행적 공법 질서와 저항

교지

세계사의 흐름은 거역할 수 없는 일이다. 서양 열강과 수호조약 체결을 거부할 수 없었고 임오군란이라는 반작용을 감수해야만 하였다.[188] 문제는 이런 세계사와 만나는 과정에서 크게 성공하지 못해 파행적으로 세계 질서에 편입되었다는 점에 있다.

임오군란 이후 1882년 9월 16일(음력 8월 5일)에는 매우 중요한 고종의 교지敎旨가 반포되었다. 교지는 현재의 상황이 옛날과 크게 다르다는 명제로부터 시작한다.

188. 수호조약과 임오군란에 관해서는 김용구(2001a), 김용구(2004)를 볼 것.

최근 이래로 세상의 형세가 옛날과 전혀 다르다. 영국, 프랑스, 미국, 러시아와 같은 유럽, 미국의 여러 나라들이 정예한 기기들을 만들고 부국의 일을 극력 추진하였다. 그 주거舟車가 지구에 돌아다니며 조약이 만국을 연결하고 병력으로 서로 균형을 이루고 공법으로 서로 지탱하고 있다. 이것이 마치 춘추 열국列國의 시대와 같다. 따라서 중화가 홀로 천하에 높았으나 그럼에도 (열강과) 평등하게 조약을 맺었고, 일본이 엄하게 척양을 하였으나 종래에는 역시 수호하고 통상하였으니 이것이 어찌 스스로 그러하였겠는가. 실로 세부득이 하여서이다.[189]

중국이 천하를 호령하던 시대는 지나가고 열강이 병존하는 시대로 변했으며 이 새로운 시대에 열강을 연결시켜 주는 것이 곧 공법이라는 것이다. 교지는 이어서 병자년 조약의 체결, 세 항구의 개항, 그리고 이제 새로 미국, 영국, 독일과 조약을 체결해 국민들이 의심하고 비판을 하게 될지 모르나 "교제의 예는 모두 평등에 관계된, 즉 의리로서 헤아렸으니 거리낄 것이 없으며 사절의 주재는 본래 상업을 보호코자 한즉 사세事勢를 참작하였으니 염려할 것이 없다. 그리고 교린의 도道는 경전에 실려 있으니"[190] 유생들은 염려치 말고 척화의 논의를 다시 하지 말 것을 당부하고 있다. 또 서양과 조약을 체결하면 사교邪敎에 물든다 하는데 너희들 유생들은 평소 공맹孔孟의 가르침을 따르고 나라에는 기틀이 있는데 어찌 하루아침에 사교에 물들겠는가고 반론하고 있다. 그리고 조약 체결과 기독교 금지는 엄격히 구별해야 한다면서 "그 종교는 배척하고 그 기기를

189. 『승정원일기』 8, pp.72~73; 『고종실록』 중, p.60. 이 중요한 교지가 『일성록』에는 수록되어 있지 않다.

190. 위와 같음.

배우는 것은 본래 병행이 가능"한 것이라고 강조하면서 이른바 동도서기東道西器론을 펴고 있다.

끝으로 교지는 모든 나라와 조약을 체결하는 것은 이제 만국의 통례로 서양과 조약을 체결했으니 척양비斥洋碑를 모두 철거토록 명하였다. 따라서 이를 해괴하게 생각지 말며 양洋이니 왜倭니 하지 말라고 당부하고 있다.

지석영과 변옥

이제 나라의 정책으로 공법을 논하고 새로운 국제정치 질서에 대처할 것을 천명하였다. 이보다 앞서 고종은 8월 31일(음력 7월 18일)부터 계속 교지를 내려 국민들의 동요를 진정시키고 새로운 정치를 할 것을 약속하면서 좋은 의견의 개진을 요청하였다. 이렇게 되자 개화파 인사들은 공법의 적극적인 도입을 제창하고 나섰다. 그 대표적인 예를 1882년 10월 5일(음력 8월 24일) 지석영池錫永(1855~1935), 11월 17일(음력 10월 7일) 변옥卞鋈의 상소에서 찾아볼 수 있다.

우리나라에서 최초로 종두법種痘法을 시행한 것으로 유명한 지석영의 상소를 보자. 조선은 바다 한편에 치우쳐 있어서 외교[191]를 모르며 교린과 조약이 무엇인지 모른다고 그는 전제하고 있다. 따라서 국내외 인사들이 저술한 여러 서적들을 수집하고 하나의 원院을 설치해 이곳에 이들 서적을 비치하고 각 지방에서 선발한 사람들을 이 원에서 2개월 동안 머물면서 시무時務를 익히도록 할 것을 건의하고 있다. 관련 구절은 다음과 같다.

191. 조선에서는 이때를 전후해 '각국의 교섭'이란 용어와 더불어 '외교'란 낱말이 쓰이게 되었다.

오로지 엎드려 생각건대 각국의 인사가 저술한 『만국공법』, 『조선책략』, 『보법전기普法戰紀』,[192] 『박물신편博物新編』,[193] 『격물입문格物入門』,[194] 『격치휘편格致彙編』[195] 등의 책들과 우리나라 교리校理 김옥균이 편집한 『기화근사箕和近事』, 전 승지 박영교朴泳敎가 찬纂한 『지구도경地球圖經』, 진사 안종수安宗洙가 번역한 『농정신편農政新編』, 전 현령 김경수金景遂가 기록한 『공보초략公報抄略』 등의 책들은 융통성이 없는 것을 개발하고 시무時務를 알게 하는 책들입니다. 엎드려 바라옵건대 하나의 원院을 설치해 위의 책들을 찾아 모으게 하고, 또 최근 각국의 수차水車, 농기農器, 조직기組織機, 화륜기火輪機, 병기兵器 등을 구입해 여기에 저장토록 하여 주십쇼. 그리고 이 원에서 각 도道의 모든 읍에 공문을 보내어 그 읍에서 문학, 문망聞望이 뛰어난 유학자 한 사람을 선발해 이 원에 보내어서 이 원에서 2개월 동안 이들 서적을 연구하고 이들 기계를 보도록 명하여 주십쇼…. 이렇게 하는 것이 어찌 화민化民과 성속成俗의 첩경이 아니며 이용후생의 양법良法이 아니겠습니까. 백성이 이미 의심을 풀고 안정하게 선다면 대저 자강自强과 어모禦侮의 책은 중국인이 저술한 『이언易言』에 모두 적혀 있습니다.[196]

192. 왕타오(王韜, 1828~1897)가 외국 잡지의 기사들을 편집해 1872년에 출판한 프로이센과 프랑스 전쟁에 관한 서적.

193. 홉슨(B. Hobson)의 저술을 1854년에 한역한 자연과학 관계 서적.

194. 마틴(W. A. P. Martin)이 1866년에 저술한 자연과학 관련의 저서.

195. 중국의 서양 선교사들이 1872년에 창간한 『중서문견록(中西聞見錄) Peking Magazine』이 1876년에 『격치휘편(格致彙編)Chinese Scientific and Industrial Magazine』으로 이름을 바꾸었음.

196. 『승정원일기』 8, pp.97~98; 『고종실록』 중, p.63. 서울대학교 규장각이 편찬한 『일성록』에는 1882년 8월의 기사들이 누락되어 있다. 지석영은 2개월의 기한이 끝나면 그 읍에서 또 다른 인사를 선정해 파견토록 하면 교육의 효과가 크게 파급될 것이라고 주장하고 있다.

같은 해 11월 17일(음력 10월 7일) 전적田籍 변옥의 상소문도 『만국공법』을 비롯한 여러 저서들을 전국에 반포하라는 내용이었다. 그 내용을 보도록 하자.

> 무武를 연마하는 일은 일본의 제도이건 중국의 제도이건 가릴 것 없이 가장 장점이 있는 것을 채택해 학습하면 되고 윤선輪船, 대포, 전선電線도 역시 각국의 것을 보아 설치하면 됩니다. 이른바 『만국공법』의 여러 조목들도 이와 같습니다. 각국이 모두 통행하는 바인데 우리나라 사람들이 이를 사악한 것에 물든다고 지목해 검색하지도 않고 도리어 배척을 논합니다. 척사의 책으로는 『해국도지』보다 더 상세한 것이 없는데 이 무리들이 그 책을 한 번이라도 탐구하려고 합니까. 황쭌셴黃遵憲이 주전한 것, 기우자杞憂子이 『이언』 등은 우리나라의 책략인데도 이를 사학邪學이라고 배척하니 백성들의 의심을 풀기 힘듭니다. 이들 책들을 사도四都와 팔도八道에 간행해 반포하시면 그런 책들이 그렇지 않다는 것이 밝혀질 것 같습니다.[197]

초기 개화파와 열강

임오군란 이후 개화파 인사들에게 최대의 현안은 중국의 변형된 사대 질서 개념을 어떻게 만국공법의 논리에 입각해 타파하느냐 하는데 있었다. 임오군란의 사후처리를 위해 일본에 건너간 박영효, 김옥균, 김만식金晩植, 서광범徐光範 등이 도쿄 주재 영국, 러시아, 미국 공사들과 접촉하면서 중국의 변형 사대 질서 개념의 타파에 주력하였다. 이들은 서양 열강과 이미 체결한 조약들은 속히 비준하고 아직

197. 『승정원일기』 8, p.193; 『일성록』 74, pp.70~71; 『고종실록』 중, p.72.

조약을 체결하지 않은 국가와는 조약 체결을 교섭하는 데에 주력하였다.

박영효 일행은 러시아 공사관과 먼저 접촉해 조선과 수호조약을 직접 체결할 것을 여러 번 요청하였다. 1882년 6월 23일자 일본 주재 공사 로젠R. R. Rozen의 보고[198]에는 김옥균과의 회견 내용이 있다. 김옥균은 우선 러시아 영토의 극동 지역에 이주한 조선 사람들에게 보여 준 러시아 정부의 '보호'에 '최대의 경의'를 표한다고 말하고 러시아가 '그 인접한 국가인 조선과 우호적인 관계'를 유지할 것을 바란다고 말하였다. 작별할 때 김옥균은 러시아도 미국과 영국처럼 조선과 우호조약을 체결할 것을 요청하였다. 로젠은 김옥균이 현명하고 "유럽식 교육의 유용성과 우수성을 확실히 믿고 있는" 사람이라는 인상을 받았다고 말하고 있다.

같은 해 11월 13일자 로젠의 보고[199]에는 박영효, 김만식, 민영익閔泳翊, 그리고 김옥균과 있었던 회견에 관해 보다 자세한 내용이 실려 있다. 이들 조선 사절단원은 중국의 조선 내정간섭에 격분하고 있을 뿐 아니라 임오군란 당시 중국 군대의 개입은 조선이 요청한 바도 없으며 리훙장의 독자적인 행동이었다고 비난하였다. 로젠은 그들이 다음과 같이 말했노라고 외상에게 보고하고 있다. "조선은 완전한 자주, 독립국가이며 서유럽에서 이해되고 있는 의미의 종속국가라고는 결코 생각하지 않는다." 조선과 중국의 관계는 '정신적인 관계 같은 종교, 같은 문자, 같은 역법'으로 묶여 있을 뿐이지 결

198. R. R. Rozen→N. K. Girsu(로젠이 기르스 외상에 보낸 보고), Pak(1971), p.154; Pak(1974), p.136; Pak(1979), p.77.
199. R. R. Rozen→N. K. Girsu, Pak(1971), pp.154~156; Pak(1974), pp.136~137; Pak(1979), pp.77~78.

코 종속 관계는 아니라는 것이다. 그들은 또 조선의 독립과 자주를 보장하는 길은 중국의 간섭이나 중개를 거치지 않고 조선-러시아 사이에 직접적인 교섭에 의해 하루속히 조약을 체결하는 것이라고 강조하였다. 이에 대해 로젠은 사견私見임을 전제로 러시아도 조선과 우호 관계를 원하고 직접 조선과 회담하는 것이 바람직하다고 대꾸하였다. 이날의 회견 내용을 볼 때 박영효 일행은 사대 질서와 서양 국제법 질서 사이에 존재하는 본질적인 차이점을 정확하게 인식하고 있었음을 알 수 있다.

김옥균은 로젠의 후임인 다비도프A. P. Davydov 공사를 다시 예방하였다. 김옥균이 개혁 자금을 마련하기 위해 일본을 방문하였을 때였다. 갑신정변 이전 김옥균의 세 번째이자 마지막 일본 방문이었다. 이 방문에 관해 다비도프는 1883년 12월 22일자로 외상에게 보고하고 있다.[200] 김옥균이 다시 조약 문제를 제기하자 다비도프는 러시아도 조선 문제에 관심이 있다고 전제하고 조선이 맺은 영국, 독일과의 조약에 관해 문의하였다. 이에 대해 김옥균은 이들 조약들은 "중국 정부의 아무런 간섭이 없이 직접적으로 체결 되었노라"고 강조하였다.

김옥균은 1884년 봄 귀국하기에 앞서 다비도프를 다시 찾는다. 다비도프는 1884년 2월 15일자로 이 회견의 내용을 간략히 외상에게 보고하였다.[201] 김옥균은 자신이 로젠 공사에게 몇 번이나 요청한 조약체결에 대해 러시아 정부의 회신이 있었느냐고 질문하였다.

200. A. P. Davydov→N. K. Girsu(다비도프가 기르스에게 보낸 보고), 10(22), Dekabrya 1883g., Pak(1971), p.157; Pak(1974), pp.137~138; Pak(1979), p.78.

201. A. P. Davydov→N. K. Girsu, 3(15), Fevralya 1884, Pak(1971), p.158; Pak(1974), p.138; Pak(1979), p.78.

회신이 아직 없다는 다비도프 대답에 김옥균은 조선이 유럽 국가들과의 관계도 넓히고 있는데 국경을 같이하고 있는 국가와 조약을 체결하는 것을 바란다는 말을 하고 떠났다는 것이다.

이들은 조선이 영국과 체결한 윌리스G. O. Willes 조약 비준에 큰 희망을 갖고 있었다. 1882년 11월 25일자 파크스H. Parkes의 보고에 윌리스 조약 비준에 관하여 다음과 같은 얘기가 나온다.

> 이틀 전 본인을 예방한 조선의 사절이 영국 조약이 비준되었는지의 여부를 또다시 질문하였고, 그는 두 나라의 인민들이 서로 직접적인 관계를 이룩해야 된다는 희망을 피력하였습니다. 그는 또 말하기를 영국은 강대한 국가이고 아시아에 관해 풍부한 경험을 갖고 있기 때문에 약소국이며 정보가 없는 조선은 영국의 원조를 기대한다고 하였습니다. 그는 이어서 조선에 파견될 영국 대표는 아시아 문제에 매우 조예가 깊은 사람이 되길 바란다고 말하였습니다.[202]

여기에서 조선의 사절은 박영효를 지칭하는 것인데 그가 '또다시' 비준을 요청하였다는 것을 보면 박영효는 이미 수차례 그런 요구를 파크스 공사에게 전달한 것을 알 수 있다. 박영효의 기록에 보면 1882년 10월 21일(음력 9월 10일) 처음으로 파크스를 예방하였는데 파크스는 10월 24일자 외상에게 보낸 보고문에서 비준 문제를 박영효와 논의하였다고 말하고 있다.[203]

202. Parkes to Granville, Nov. 25, 1882, *British Documents of Foreign Affairs*, I–E–2, p.99; *Anglo-American Diplomatic Materials relating to Korea*, 1866~1886, p.116.
203. 10월 24일자 보고의 원문은 아직 공개되어 있지 않고 이 날 토의하였다는 사실 자체는 12월 29일자 파크스 보고에 나타나 있다.

파크스는 1882년 12월 18일 이노우에 외무경을 방문하여 한중수륙무역장정의 내용에 관해 긴 대화를 나누게 된다. 이 대화를 마치고 파크스는 윌리스 조약의 허점을 지적하고 비준을 보류할 것을 그랜빌 G. L. G Granville 외상에게 건의하였다.[204] 비준 문제에 관해서는 파크스가 박영효를 만나고 그 결과를 보고한 1882년 12월 29일자 문서에도 잘 나타나 있다.[205]

이 보고 문서는 24일 박영효가 파크스를 방문하고 파크스가 26일[206] 답례로 조선 사절단을 방문하여 조선 정세에 관해 의견을 나눈 이후 보고한 것이다. 박영효는 다시 윌리스 조약을 속히 비준하여 줄 것을 요망하였다. 이에 파크스는 박영효에게 지난번에도 말한 바와 같이 영국 정부는 비준에 신중을 기하지 않을 수 없다고 강조하였다, 파크스는 조선이 중국과 맺은 무역장정이 비준에 걸림돌이 된다고 역설하였다. 사실 파크스는 이 장정과 같은 내용의 조약을 원하고 있었다.

박영효는, 이 장정은 중국의 일방적인 강압에 의해 이루어졌음을 강조하고 국왕은 아직 이 장정을 비준하지 않고 있다고 말하였다. 파크스는 다음과 같은 박영효의 의견을 그대로 길게 인용하고 있다. 이 장정은 강요된 것에 불과하다는 점, 중국은 자신에 유리하고 조선에 불리하게 조약의 내용을 작성하였다는 점, 중국은 현재

204. Parkes to Granville, Dec. 21, 1882, *British Documents of Foreign Affairs* I–E–2, pp.104~106; *Anglo-American Diplomatic Materials relating to Korea*, 1866~1886, pp.131~133.

205. Parkes to Granville, Dec. 29, 1882, *British Documents of Foreign Affairs*, I–E–2, pp.107~110; *Anglo-American Diplomatic Materials relating to Korea*, 1866~1886, pp.134~138.

206. 「사화기략」, 『수신사기록』, p.263에는 25일(음력 11월 16일)에 파크스와 사토가 내방하였다고 적고 있다.

조선의 내정과 외정에 간섭하여 조선을 완전히 종속국으로 만들려고 한다는 점 등을 역설하면서 "중국 행동의 극악무도한 부정에 대한 나의 분노를 어떻게 표현해야 될지 모른다"[207]라고 박영효는 말을 맺고 있다.

한편 파크스는 어떻게 하면 영국이 조선-중국의 장정의 내용과 같은 특권, 특히 5퍼센트의 관세율을 얻을 수 있는가에 주력하였다. 실리 추구에만 중점을 둔 영국 외교의 참모습을 볼 수 있다. 윌리스 조약과는 다른 새로운 조약을 체결해야 한다고 파크스는 박영효에게 계속 요구하였다.

이에 대해 박영효는 사견임을 전제로 영국이 중국을 통하지 않고 직접 조선에 의뢰한다면 다시 조약을 체결할 수 있다고 답변하였다. 파크스는 박영효가 매우 현명한 인사라는 인상을 받았노라고 적고 있다. 박영효는 자신은 곧 일본을 떠나지만 자신이 없는 동안 '커뮤니케이션의 채널'로 김옥균을 추천하였다.

김옥균은 1883년 1월 1일 파크스를 방문하였다. 김옥균도 박영효와 마찬가지로 윌리스 조약을 빨리 비준해 줄 것을 요청하고 파크스는 새로운 조약의 체결을 주장하였다. 김옥균은 그런 새로운 조약이 조선의 독립을 보장할 수 있느냐고 질문하였고, 이에 대해 파크스는 독립에는 여러 요소들이 있으나 새로운 조약의 체결로 조선의 조약 체결권이 보장되는 것은 물론이라고 대꾸하였다. 파크스는 김옥균이 자신의 말을 신빙하고 있다고 보고하고 있다.[208]

207. Parkes to Granville, Dec. 29, 1882, *British Documents of Foreign Affairs*, I-E-2, p.108; *Anglo-American Diplomatic Materials relating to Korea*, 1866~1886, p.135.

208. Parkes to Granville, Jan. 12, 1883, *British Documents of Foreign Affairs*, I-E-2, p.112; *Anglo-American Diplomatic Materials relating to Korea*, 1866~1886,

조선은 중국 주재 영국 공사관을 통해서도 비준을 요청하였다.[209] 임오군란 이후 중국 베이징에 도착한 조영하, 어윤중은 영국 공사관을 방문하여 윌리스 조약을 조선은 준수하겠노라고 다시 다짐하고 비준을 요청하였다. 그러나 실효를 거둘 수는 없었다. 당시 조선과의 조약 문제는 파크스의 관할이었기 때문이다.

이런 파행적인 국제정치 현실에 직면해 있으면서도 서양 공법의 본질을 파악하려는 처절한 노력이 있었음에 주목해야 한다.

갑신정변

갑신정변은 중국의 변형된 사대 질서 개념을 무력으로 저항한 정치운동이었다.[210] 『갑신일록』 1884년 12월 5일자 기록에 보이는 14개 정강政綱의 첫째가 "조공의 허례虛禮는 이를 의결하여 폐지한다"라는 것은 의미 있는 일이다. 이 정강의 내용에 대해 야마베 겐타로山邊健太郎가 그 신빙성을 의심하자 이광린 교수가 여러 자료들을 인용하면서 이를 반박한 바 있었다. 후쿠자와 유키치福澤諭吉의 하수인으로 당시 서울에 와 있어서 그 자료의 신빙성이 어느 정도 인정되고 있는 이노우에 가쿠고로井上角五郎의 전기傳記에는 정강의 내용과 관련해 다음과 같은 기록이 있다.

pp.144~145. 김옥균은 1883년 2월 13일에도 파크스를 만나 같은 요구를 하고 있다. *British Documents of Foreign Affairs*, I-E-2, pp.121~122, *Anglo-American Diplomatic Materials relating to Korea*, 1866~1886, pp.170~171.

209. Grosvenor to Granville, Sept. 25, 1882, Kiernan(1939), p.85. 청한수륙무역장정을 체결하러 온 조영하와 어윤중은 중국의 요청으로 영국, 미국, 그리고 독일의 공사관을 방문하여 비준을 요청하였다. 중국은 이 장정의 체결이 조선과 서양 열강이 체결한 조약들과 아무런 관련이 없다는 것을 내외에 알리려는 속셈이었다. Jones(1936), p.344; Dennett(1924), pp.107~108, Memorandum by C. Holcombe.

210. 갑신정변에 관해서는 김용구(2004)를 참조.

一. 국왕 전하를 고쳐 폐하陛下라고 칭하고(조선 국왕의 명령을 의미하는) 전傳을 고쳐 칙勅이라고 칭할 것.

一. 지나支那에 대해 세빙歲聘의 예禮를 폐할 것. 전권대사를 지나에 파견해 우리나라가 독립했다는 사실을 밝히고 대원군의 방환放還을 청구할 것…. 이렇게 해 엄연한 독립국의 기초를 정해 체면을 유지하고자 하였다. 지나에 사신으로는 김윤식이 맡을 것.[211]

전을 칙으로 고치자는 것은 조선과 중국이 같은 법적 지위를 보유해야 된다는 것을 의미한다. 정강의 이 조항에 대해서는 그 밖의 자료들도 중국과의 관계를 단절한 것이라고 모두 말하고 있다. 정교鄭喬도 "(국정개혁안의) 대요大要는 국권을 확장하고 각국과 대등하게 교제를 하며 중국 관계를 끊는 것이다"라고 지적하고 있다.[212] 또 일본의 한 신문도 "그 밖에 중국과의 관계에 대해 논의한 것이 매우 많은데 그중에서 제1로는 조공사를 폐지한다는 조목도 있다. 필경 이 개혁은 조선을 동양의 한 독립국으로 하자는 데 지나지 않는다"라고 쓰고 있다.[213]

갑신정변을 주도한 인사들이 당시의 국제정치적인 여건에서 조선이 자주적인 행위자가 되기 위해서는 무엇보다 중요한 것이 예속을 강요하고 있던 중국과의 결별이라고 인식했음을 보여 주고 있다. 이런 인식을 현실 정치세계에 실천으로 옮긴 것은 높이 평가되어야 한다.

211. 井上角五郎(1943), p.59.
212. 『대한계년사』 상, p.31.
213. 『時事新報』, 1884년 12월 22일, 「朝鮮革命政府ノ計劃」, 『新聞社說に見る朝鮮』 제5책, p.141.

거문도 사건

1885년 4월 14일 영국 해군성은 일본 나가사키에 주둔하고 있던 도웰W. Dowell 중국해 사령관Commander in Chief, China Fleet에게 거문도를 점령하라는 전보 명령을 보낸다.[214] 다음 날 도웰 사령관은 점령을 완료하고 1887년 2월까지 근 2년 동안이나 영국 해군이 거문도에 주둔하는 사태가 벌어졌다. 조선은 처음으로 영국과 러시아 두 세계국가의 세계정치 분쟁의 와중에 파행적으로 편입하게 되었다. 세계정치 오지의 소국인 조선이 세계 권력정치의 틈 사이에서 서양의 공법을 방패로 자국의 영토를 보전하려는 노력이 있었음은 그래도 다행한 일이다. 갑신정변 사후처리를 마무리한 김홍집의 업적을 재평가하듯[215] 거문도 사건에서 만국공법을 원용한 김윤식의 활동은 재평가해야 한다.

영국 정부는 점령이 완료되자 중국과 일본 정부에게는 점령 사실을 곧 알렸으나 막상 점령 대상이었던 조선 정부에게는 4월 23일에 가서야 만일의 경우를 생각해 알려 주도록 중국 주재 공사 오코너 N. R. O'Conor에게 훈령하였다. 그러나 오코너가 조선 조정에 보낸 서한은 5월 20일에 가서야 서울에 도착하였다.

5월 20일 영국의 회신을 받자 조선 조정은 곧 본격적인 행동에 들어갔다. 이날 독판 김윤식金允植은 2개의 공문을 영국에 전달하였다.

214. 1885년 3~4월 사이에 영국은 중앙아시아 지역의 분쟁으로 러시아와 전쟁을 결정할 수밖에 없는 처지였다. 영국 정부로서는 크림 전쟁(1854~1856)의 경우와 같이 크림 반도가 러시아를 공격하기 위해서는 가장 좋은 지역이었으나 1885년에 독일의 비스마르크(O. von Bismarck)는 영국 해군이 보스포루스 해협과 다르다넬스 해협을 통과하는 것을 저지하고 있었다. 따라서 블라디보스토크의 공격 기지로서 거문도를 점령하지 않을 수 없게 되었다.

215. 김용구(2004), pp.189~194.

하나는 베이징의 오코너 공사에게 보내는 일반적인 반대 원칙을 담은 간단한 문서[216]이고, 다른 하나는 서울의 칼스W. R. Carles 총영사 대리에게 전달한 문서[217]로 구체적이고 매우 강경한 내용을 담고 있다. 이런 훌륭한 문서를 곧 영국에 전달한 것을 보면 조선 조정은 거문도 점령 사실을 인지한 이후부터 이에 관한 대응 조치를 강구한 것을 알 수 있다.

오코너에게 보낸 문서에서 김윤식은, 지난번 영국의 비밀 조회문을 보니 영국이 거문도를 차용해 거주코자 하는데 이 섬은 조선의 중요한 지방으로 비단 영국에게만 허용치 않는 것이 아니라 다른 나라가 요구해도 결코 승인할 수 없다고 단언하고 있다. 따라서 영국은 우의를 중시하는 국가이니 전날의 의결을 철회하길 바란다고 당부하였다.

김윤식이 칼스에게 전달한 문서는 조선 조정의 당당하고 적절한 정책을 담고 있는데 그 전문은 다음과 같다.

요즘 국내에서 듣는 바에 따르면 귀국이 거문도에 뜻을 두고 있다고

216. 『고종실록』 중, p.195; 「英軍巨文島占據의撤回電請」, 『영안』 1, 문서번호 220, p.133; The President of the Corean Foreign Office to Mr. O'Conor, May 20. 1885, *Anglo-American Diplomatic Materials relating to Korea, 1866~1886*, p.536, 581, 문서번호 135, p.581; 「朝鮮統理衙門電報駐北京英欽差稿」, 『淸季中日韓關係史料』 4, 문서번호 1001(1886. 6. 25, 음력 5월 13일)의 부속 3, p.1837.

217. 『영안』이나 『통서일기』에는 오자가 있어 주의할 것. 『고종실록』 중, p.195; 「同上件」, 『영안』 1, 문서번호 221, p.134; The President of the Corean Foreign Office to Acting Consul-General Carles, Hanyang, May 20, 1885(4th moon, 7th day), *Anglo-American Diplomatic Materials relating to Korea, 1866~1886*, doc. No.80, Inclosure 3, pp.535~536; 「照錄朝鮮統理衙門致英領事書」, 『淸季中日韓關係史料』 4, 문서번호 1001(1886. 6. 25, 음력 5월 13일)의 부속 4, pp.1837~1838. 나가사키에 체류하고 있던 애스턴은 이 문서를 외교 단절이나 전쟁 직전의 선언과 같다고 평가하였다.

한다. 이 섬은 우리나라의 지방으로 타국이 점유할 수 없다. 만국공법에도 원래 이런 이치는 없어 놀랍고 의심스러워 뭐라 말하기 곤란하다. 일전에 관리를 이 섬에 보내 그 허실을 조사케 하였는데 아직 돌아오지 않았다.

그런데 귀 영사가 보낸 조회를 받았고 이것은 북경 공사관이 보낸 것이다. 그 뜻을 자세히 보니 비로소 위의 말이 틀리지 않았다는 것을 알게 되었다. 귀국과 같이 우의에 돈독하고 공법에 밝은 나라가 이런 의외의 일을 하리라 어찌 알았겠는가? 기대에 너무 어긋나 이상함을 금할 수 없다. 귀국이 만일 우의를 중하게 여겨 깨달아 지난 계획을 고쳐 이 섬을 빨리 떠난다면 이 어찌 우리나라만의 행운이겠는가? 만국이 모두 찬양할 일이다.

그러나 만일 그렇지 않다면 우리나라는 이리로 보아 묵묵히 보고만 있을 수 없고 동맹한 각국에 성명聲明하여 그 공론을 들을 것이다. 이 일은 지연시킬 수 없어서 먼저 조회로 모든 것을 밝히니 귀 영사는 즉시 회신하기 바란다.

김윤식은 더 나아가 중국 총판總辦, 미국, 독일, 일본 공사들에게 영국의 행동은 공법에 어긋난다는 강력한 회한回翰을 발송하였다. 그리고 김윤식은 이 회한에 거문도를 잠시 점령하겠다는 영국의 비밀 조회를 동봉해 영국의 문서를 공개해 버렸다. 회한의 내용을 보자.

귀 공사는 영국의 소위所爲를 과연 어떻다고 봅니까? 비록 작은 섬이지만 관계되는 것이 긴요하고 중요해 쉽게 경솔히 남에게 임차할 수 없습니다. 대저 우리 동맹 각국은 반드시 공평한 논의를 갖고 있을 것이니 우리나라를 위해 마음과 힘을 다해 공의公義에 의해 국권을 보전케 하는 것이 어떻겠습니까? 오늘 우리 관청에서 영국 공관에 문서를 보내 의리에 따라 논박하고 다시 영국 정부와 북경 영국 공사관에 보낼 간단한 편지를 보내고 또 영국 영사에 부탁하여 전보로 빨리 전달토록 하였습니다. 만일 영국이 깨달아 생각을 돌린다면 그 나라가 가히 우의에 돈독한 것을 알 수 있으나 만일 그렇지 않으면 우리나라는 어떻게 스스로 대처해야 합니까? 오로지 귀 공사와 여러 제3국가들이 우리를 대신해 변법辨法하여 우리가 스스로 가진 권리를 보존케 하면 행운일 뿐입니다.[218]

그러나 조선 조정은 영국과 중국의 압력으로 열강에게 부탁한 조정을 철회하게 된다. 김윤식은 오코너 공사에게 거문도 철수를 요청하는 공문을 7월 7일 다시 발송하였다. 김윤식은 이 문서에서 엄세영嚴世永과 묄렌도르프Möllendorf를 거문도와 나가사키에 파견해 거문도 문제에 관한 영국 정부의 입장을 밝힐 것을 요청한 일, 5월 7일에야 잠시 주둔한다는 공문을 애스턴이 전해 온 사실, 7월 6일에는 잠시 주둔하고 저탄소를 설치코자 하니 조선 정부는 안심하라는 조회문을 받았음을 상기시키고 있다. 거문도는 조선의 영토로 영국이 점유할 수는 없는 일인데도 영국의 그 어떤 외교관도 문서를 들고 와 설명한 자가 없다고 개탄하고 있다. 이제 점령한 지 3개월이 지났으니 신속히 철수할 것을 촉구하였다.[219]

218. 『고종실록』 중, p.195; 『통서일기』 1, p.207; 「朝鮮統理衙門致中國總辦及各國公使函」, 『清季中日韓關係史料』 4, 문서번호 1001(1886. 6. 25, 음력 5월 13일)의 부속 6, p.1838; 「論巨磨島」의 부속, 『李文忠公全集』 5, p.427.

219. 「巨文島의英艦撤還督促」, 『영안』 1, 문서번호 245, pp.145~146; Kim Yun-sik to O'Conor, July 7, 1885, *Anglo-American Diplomatic Materials relating to Korea, 1866~1886*, Inclosure 2 in doc. No.163, pp.610~615.

조선 항의 조회 이후 영국은 조선 문제에 관해 두 가지 방향으로 생각하게 되었다. 조선이 다시 항의하게 되면 그대로 방치한다는 조선 무시정책이고, 다른 방향은 거문도를 매입하거나 임대하는 방법을 모색한다는 매우 치졸한 방안이었다. 그런데 10월에 러시아 공사 베베르K. I. Veber(또는 Waeber)가 드디어 서울에 도착하자 조선은 다시 영국에 거문도 철수를 요청하게 되었다. 7월 7일자 김윤식의 공문에 대한 공식적인 회신을 다시 요구하고 나섰다.

김윤식은 10월 20일 저녁 베이버E. C. Baber 영국 총영사를 방문해 7월 7일자 자신의 조회문에 대한 회신이 도착했는지 문의하라고 국왕이 자신을 보냈노라고 말하고 조속한 회답을 요구하였다. 베이버는 러시아 공사의 항의로 조선은 곤란한 처지에 있으며 러시아 공사는 텐진에 있는 묄렌도르프와 상의해 조선 조정을 부추긴다고 판단하였다. 오코너는 베이버에게 유럽의 긴급한 정치 문제로 조선에 대한 회신이 지연되고 있다고 말하라고 지시하였다.[220]

영국은 유럽의 정치적 상황 때문에 또는 베이징을 연결하는 전선이 고장이 났다는 구차한 변명[221]으로 김윤식의 7월 7일자 공문에 대한 회신을 연기하였다. 이에 김윤식은 음력으로 해가 바뀌기 이전에 회신이 오길 바란다고 하면서[222] 1886년 1월 27일에는 음력으로 연내에 거문도 문제를 타결할 것을 촉구하는 공문을 베이버에게

220. O'Conor to Salisbury, November 8, 1885, *Anglo-American Diplomatic Materials relating to Korea, 1866~1886*, doc. No.212, pp.649~650, Inclosure 1 Baber to O'Conor, October, 23, 1885, p.650.

221. 「巨文島問題稟電의發送通報」, 문서번호 325, 1886년 1월 17일(음력 1885년 12월 13일), 『영안』 1, pp.183~184.

222. 「同上件의北京回電有否探問및新年移越不可言明」, 문서번호 326, 1886년 1월 20일(음력 1885년 12월 16일), 『영안』 1, p.184.

전달하였다.[223]

오코너는 조선에 회답을 하는 경우에도 우호적인 말로 분식한 형식적인 내용이면 된다는 베이버 의견[224]에 찬동해 2월 28일 김윤식에게 앞으로 좋은 방안을 강구하겠다는 무의미한 서한을 발송하였다.[225] 김윤식은 물론 이런 영국의 문서에 만족하지 않고 확고한 회답을 1886년 3월 7일 다시 요구하고 있다.[226] 잠시 서리 독판을 맡은 서상우도 6월 28일과 7월 4일 거문도 문제의 신속한 타결을 촉구했으나 판에 박힌 회신을 받았을 뿐이었다.[227]

베이징 영국 공관은 1886년 7월 30일 저녁 드디어 김윤식의 1월 23일자 조회문을 접수하였다. 새로 부임한 베이징 주재 영국 공사 월샴Walsham은 조선의 문서 접수만 인정한다는 태도를 견지하였다.[228] 그리고 8월 5일 월샴은 거문도 문제에 확고한 입장을 취할 것

223. 「巨文島問題의年內妥結催促」, 문서번호 332, 1886년 1월 27일(음력 1885년 12월 23일), 『영안』 1, p.185; O'Conor to Rosebery, Feb. 18, 1886(rec. Apr. 19), *British Documents of Foreign Affairs*, I-E-2. doc. No.273, pp.328~329(김윤식 문서만), *Anglo-American Diplomatic Materials relating to Korea, 1866~1886*, doc. No.25, pp.668~669. *British Documents of Foreign Affairs*, I-E-2는 김윤식의 공문만을 영역해 싣고 있다. 영국 문서는 김윤식의 공문 발송 날짜를 1886년 1월 23일로 적고 있다.

224. O'Conor to Rosebery, Mar. 6, 1886(rec. May 3), *British Documents of Foreign Affairs*, I-E-2, doc. No.274, p.329, pp.330~331; *Anglo-American Diplomatic Materials relating to Korea, 1866~1886*,, doc. No.27, pp.670~671.

225. 「巨文島問題의妥協辦法講求示唆」, 문서번호 336, 『영안』 1, p.188; O'Conor to Kim Yun-sik, Inclosure in doc. No.27, O'Conor to Rosebery, Mar. 6, 1886, *Anglo-American Diplomatic Materials relating to Korea, 1866~1886*, p.671.

226. 「巨文島問題의回答催促」, 문서번호 337, 『영안』 1, p.188.

227. 「巨文島問題의妥結催促」, 문서번호 350, 「巨文島問題의無理및納得不能點指摘과急速妥結催促」, 문서번호 352, 『영안』 1, p.192; Sö Syang-you to Walsham, July 4, 1886, Walsham to Sö Syang-you, Inclosure 1 & 4 in doc. No.84, Walsham to Rosebery, Aug. 5, 1886, pp.703~704, 706~707.

228. Walsham to Rosebery, telegram, July 31, 1886, 2:55 pm (rec 3:35pm), *Anglo-American Diplomatic Materials relating to Korea, 1866~1886*, doc. No.52, p.689.

을 다음과 같이 로즈버리A. P. P. Rosebery 외상에게 건의하였다.[229] 조선이 항의를 다시 한 것은 베베르의 사주에 의한 것이지만 중국이나 조선은 영국의 거문도 점령 계속을 크게 중요하게 여기지 않고 있다. 그러나 조선은 우리가 지금까지 해온 대답에 만족하지 않고 있어서 영국은 이제 확고한 정책을 취해야 한다. 영국이 점령을 영구히 한다고 결정하면 본인은 공개적으로 주장을 할 수 있으나 지금과 같이 잠정적이고 조선의 영토 보전을 해치지 않는다는 것은 구차한 논리에 지나지 않는다. 공개적으로 거문도 점령을 천명하면 러시아도 조선의 일정한 지역을 점령할 것이지만 현재와 같이 잠정 점령을 계속한다고 하여도 같은 결과를 초래할 것이니 당당한 태도를 견지하자는 것이었다.

사실 영국이 거문도를 점령한 이후 6월에는 러시아와 아프가니스탄 국경 문제에 합의하고 9월에는 의정서를 체결해 분쟁은 해결되었다. 그러나 일단 점령한 거문도를 빈손으로 철수하지는 않았다. 러시아가 조선의 영토를 점령하지 않는다는 합의를 얻어 내고서야 거문도를 떠난다. 여기에 19세기 세계국가 영국의 참모습을 볼 수 있다. 이런 권력정치의 와중에서 조선이 보여 준 서양 공법에 근거한 서양 열강에 대한 비판 노력은 재평가해야 한다.

조선 조정은 거문도 사건으로 영국과 러시아의 세계정치의 틀 속에 완전히 편입되었다. 그러나 그것은 파행적인 편입이었다. 이런 역사적 시점에 조선의 지식인들은 어떤 고민을 하고 있었을까?

229. Walsham to Rosebery, Aug. 5, 1886(rec. Oct. 1), *British Documents of Foreign Affairs*, I–E–2, doc. No.300, pp.347~350; *Anglo-American Diplomatic Materials relating to Korea, 1866~1886*, doc. No.84, pp.701~707.

8. 서양 공법 연구와 수용

『한성순보』

임오군란 이후 서양 국제법 질서와의 만남을 적극 추진하는 정책 가운데 주목할 것은 『한성순보漢城旬報』의 발간이다. 관보의 형식을 취하고 있으나 외국의 자료들에 접근하기 어려웠던 당시의 열악한 여건을 생각할 때 그 발간은 거의 기적에 가까운 일이다. 『한성순보』는 1883년 10월 31일 창간되어 1884년 10월 9일자 제36호를 끝으로 폐간되었다. 『한성순보』는 서양 국제법 질서의 내용을 널리 알리는 데 앞장섰다.

창간호 서문 첫 줄부터 사대 질서의 해체와 새로운 국제 질서의 도래를 말하고 있다. 현대 용어를 빌리자면 국제정치학 연구의 필요성을 강조하고 있는 명문이다. 그 내용을 보자.

우왕禹王이 만든 9개의 정鼎은 법도法度를 보여 주고 주관周官은 땅을 관리하지만 요복要服과 황복荒服 밖의 지역에까지는 미치지 못하고 있다. 그 까닭은 대개 산천으로 막혔고 글과 법이 같지 않아서 덕이 베풀어지거나 힘이 여기에 미치지 못하기 때문에 선왕들이 이 먼 곳까지 경략經略하는 데에 마음을 쓰지 않았기 때문이다. 그러나 지금은 풍기風氣가 점차 열리고 지교智巧도 날로 발전해 선박이 전 세계를 누비고 전선電線이 사토四土를 연락하고 있다. 그리하여 공법을 정하고 빙문聘問을 다듬고 항구와 포구를 축조하며 교역을 통하는 데에까지 이르게 되었다.[230]

전통적인 사대 질서에 있어서는 구복九服 밖의 야만인에 관해서는 전혀 관심 밖의 일이었다. 그러나 이제 그런 시대는 지나가고 온 세계가 만국공법으로 연결되어 있어서 이를 아는 것이 시무자時務者들의 급선무라는 것이다.

『한성순보』는 새로운 국제정치 질서의 본질을 파악하는 것이 첫 번째 임무임을 선언하고 창간호에서는 먼저 지구를 논하고 세계의 여러 주洲와 대양을 소개했던 것이다. 『한성순보』에 나타난 서양 공법에 대한 태도를 몇 개 항목으로 나누어 살펴보자.

먼저 국제법의 본질에 관한 기사들을[231] 들 수 있다. 공법의 정의를 내리고 있는 『한성순보』 제34호(1884년 9월 19일)에 게재된 「공법설公法設」의 내용을 보도록 하자.

230. 이 부분에 관한 『한성순보』의 번역본이 불분명한 곳이 있어서 필자가 새로 번역하였다.
231. 주요한 기사들을 열거하면 다음과 같다. (1) 「소병의(銷兵議)」 제6호, 1883년 12월 20일 (2) 「양무수재득인론(洋務首在得人論)」 제10호, 1884년 1월 30일 (3) 「공법설(公法說)」 제34호, 1884년 9월 19일.

옛적에 우리 동양의 모든 나라들은 저마다 한 나라만을 고수할 뿐, 나라를 경륜하는 원대한 계책에 힘쓰지 않아서, 오로지 내정만을 중하게 여기고 외교에는 미치지 못하였다. 그러나 오늘에 이르러 만국이 서로 통하고 업무가 날로 증가해 허다한 관계가 내정에 비해 점차 번다해졌으므로 법을 만들어 이를 처리하지 않고서는 수많은 업무를 해결할 수 없게 되었다. 이 때문에 구미 법률가들이 하나의 책[232]을 만들어 천하에 이를 행하게 해 이름하여 공법이라 하였다. 공公이라고 말하는 것은 어떤 한 나라가 이를 얻어 홀로 가질 수 없음을 말하는 것이고, 법이라고 말하는 것은 각국이 이를 율법과 같이 준수하는 것을 말하는 것이다. 이 때문에 이를 공법이라고 일컫는다. 또한 이 제도는 한 나라나 한 세대에서 비롯된 것이 아니고 각국 사람들이 역대로 왕래한 습관이 항구적인 것으로 된 것常, 각국 대헌大憲이 심단審斷한 것을 다른 나라들이 이를 원용해 예例로 삼은 것, 그리고 각국 명사들이 시비를 논정하고 의리를 천명해 후세를 열복悅服시킨 것, 이들 세 가지가 서로 참조되어야 법이라는 것이 비로소 이루어지는 것이다.[233]

이 기사는 공법의 정의와 그 연원을 밝힌 것인데 실은 『공법편람』과 『공법회통』의 「범례」를 그대로 옮겨 놓은 것이다. 『한성순보』의 기사들은 공법에 관한 지식의 필요성은 강조하되 공법을 원용하려면 국력이 뒷받침되어야 한다는 점을 역설하고 있다. 사실 이런 논리는 여러 기사에서도 보인다. 『한성순보』 제10호(1884년 1월

232. 이질 문명권들이 서로 충돌하면서 나타난 오해의 대표적인 예다. 명조나 청조의 여러 '회전(會典)'들이 유교 문명권이라는 국제사회를 규율하는 법전이었던 것과 같이 서양 국제사회에서도 '만국공법'이라는 하나의 법전이 존재한다고 한때 착각하였었다.

233. 『한성순보』, p.780; 번역본, p.660.

30일자) 「양무수재득인론洋務首在得人論」은 중국의 호보滬報 기사를 전재한 것이지만 이 점을 명백히 하고 있다. 이 기사는 공법과 서양의 법률을 익히 아는 것이 급선무임을 강조한 후 다음과 같이 쓰고 있다.

> 오늘날 유럽의 형세는 마치 전국 시대와 같고 이른바 만국공법이란 거의 전국 시대 종약從約과 같아서 유리하면 따르고 그렇지 않으면 배신하며, 겉으로는 비록 따르는 체하지만 속으로는 실상 위배한다. 각국의 외무대신은 진정 공법을 믿고서 안전을 꾀할 수 없고, 또는 공법에 의거해 대중의 입을 막지 않을 수도 없으니 진실로 마음으로 융화하고 묵묵히 아는 자가 아니면 반드시 단점壇坫[234]의 사이에서 신명神明[235]을 변화시켜 어모禦侮를 담판지을 수 없다. 서양 나라도 이러한데 우리 중국은 새로 공법을 들여옴으로써 일을 하는 데 의거할 데가 없으니 툭하면 허물을 짓게 되는 것인가.[236]

다음은 당시 개화파 인사들에게 상당한 영향을 주었던 균세均勢, 즉 세력균형에 관한 설명을 살펴보자. 이에 관한 명쾌한 설명을 『한성순보』 제5호(1883년 12월 9일자)에 실린 「독일, 오스트리아-헝가리, 이탈리아 3국 동맹奧普意三國同盟」에 관한 기사에서 찾아볼 수 있다. 이 기사도 주로 호보에 의거해 작성되었다. 1882년 5월 20일 체결된 3국 동맹조약을 해설하는 가운데 다음과 같이 세력균형론의 핵심을 말하고 있다.

234. 각국이 회의하고 동맹하는 장소를 일컬음.
235. 사람의 마음을 말함.
236. 『한성순보』, p.202; 번역문, p.170.

지금 유럽에서 건국한 나라가 열다섯으로 대소와 강약의 차이는 있으나 그다지 큰 차이는 없음으로 혹 두 나라가 전쟁하면 모든 국가들이 흔히 약소한 나라를 도와서 한 나라만 우뚝 강대해지지 못하도록 하니 이는 바로 만국공법에서 말하는 균세의 법이다.[237]

세력균형에 관한 이런 설명은 당시 조선의 지식인들에게는 매우 친밀한 내용이었다. 『만국공법』을 비롯한 여러 서적들이 이미 유포되어 이와 유사한 설명을 하고 있었는데, 이는 동양의 이이제이以夷制夷와 비슷한 개념이었기 때문이다. 서양 국제법 관련 여러 저술들을 한역한 마틴W. A. P. Martin 자신도 이런 균세의 논리가 동양인에게 친숙하리라 여겨 『만국공법』을 번역할 때 원문에도 없는 세력균형에 관한 설명을 본문에 삽입한 바 있다. 『만국공법』 권 1, 제10절에서 터키가 유럽 여러 나라의 균세에 의해 독립을 유지했다는 설명에 뒤이어 휘튼H. Wheaton의 원저에는 있지도 않은 설명을 덧붙였다. "소위 균세의 법이라고 하는 것은 강국으로 하여금 그 세력을 균평均平하게 해 서로 능멸하지 못하게 하고, 약국은 이에 의뢰해 안전을 얻게 하는 것이니 실로 태평의 주요한 술책이다"[238]라고 마틴 스스로 첨가하였다.

『한성순보』에는 주목해야 할 기사가 하나 있다. 제34호(1884년 9월 19일)에 실린 국외 중립에 관한 글, 「논전국여국외교제지예論戰國與局外交際之例」[239]가 그것이다. 이 글은 『공법편람』의 내용을 그대로 옮긴

237. 『한성순보』, p.87; 번역문, p.67.
238. 『萬國公法』, p.82.
239. 『한성순보』, pp.780~786; 번역본, pp.660~665.

것으로[240] 국외 중립과 영세 중립을 길게 설명하고 중립국의 권리와 의무를 소상히 적고 있다. 당시 월남에서는 중국과 프랑스 사이에 전투가 이미 시작되고 있었다. 따라서 『한성순보』의 편집자들은 이런 전투가 조선에 국제법적으로 어떤 영향을 미치며 이에 어떻게 대처해야 되는지를 알리고 참고해야만 했을 것이다.

서양 국제법의 특수한 제도에 관한 소개도 있다. 『한성순보』 제3호(1883년 11월 20일)에 게재된 「미서양국공설조정법아美瑞兩國共設調停法衙」에서 미국과 스위스 사이에 합의된 조정위원회의 내용을 자세히 설명하는 가운데 영구평화를 달성하기 위한 국제재판소의 설치 운동이나 군비축소에 관한 움직임을 간단히 적고 있다. 또 같은 호에서 미국과 벨기에 사이에 체결된 범죄인 인도에 관한 합의도 소개하고 있다.[241] 그리고 전쟁 발발과 공사의 퇴거에 관한 『만국공법』의 설명을 전재轉載하기도 하였다.[242]

서양 국제법에 관한 한 『한성순보』의 기사들은 이미 간행된 『만국공법』, 『공법편람』, 그리고 중국의 신문 논조에 영향을 받았다. 그런 논조는 근본적으로 당시 중국의 양무파들의 공법관을 그대로 반영하는 것이었다. 『한성순보』가 서양 공법의 보급과 수용에 결정적인 역할을 한 것은 기억해야 한다.

240. 『公法便覽』 하, pp.583~616.

241. 『한성순보』, pp.49~50; 번역본, pp.34~35.

242. 모로코와 프랑스의 불화를 소개한 『마법극(摩法隙)』, 『한성순보』 제28호(1884년 7월 22일), p.636; 번역본, p.548.

유길준

주요 저술

유길준俞吉濬(1856~1914)[243]이 갑신정변 이후 조선이 처하게 된 국제정치적인 시련을 극복하기 위하여 세계에서 통용되던 담론과 유럽 공법의 개념들을 동원해 여러 저술을 후세에 남긴 것은 무엇보다 높게 평가되어야 한다. 그의 저작들을 전체로 보면 논리의 모순이 보이기도 하고 어떤 경우에는 매우 친일적이거나 친중국적인 글이 발견되기도 한다. 그러나 그는 학자가 아니라 정치인이었다. 그의 글은 그가 어디에서, 언제, 무슨 동기로 글을 썼느냐를 먼저 염두에 두어야 한다.

그는 여러 저술들을 남겼는데 국제정치나 국제법에 관한 태도나 입장을 알기 위해 주요한 저술을 들면 다음과 같다.

① 『서유견문西遊見聞』: 1889년에 집필을 완료하고 1895년에 일본에서 간행된 저술이다.[244] 이 저술이 일본의 후쿠자와 유키치福澤諭吉의 『서양사정西洋事情』을 대부분 옮겨 쓴 것이라고 폄하하는 견해도 있다. 그러나 유길준이 이 저서를 포도대장 한규설韓圭卨 집에서 유폐생활을 하는 부자유스러운 여건에서, 그리고 제한된 자료들만을 접할 수 있는 분위기에서 집필한 것임을 유념해야 한다. 그럼에도 후술하는 바같이 그의 독창적인 견해도 상당히 있다는 사실에 주의해야 한다.

243. 유길준의 생애에 관해서는 김용구(1997a), p.244 참조.

244. 『서유견문』의 집필동기나 그 과정에 관하여는 여러 연구들이 있다. 이광린(1979); 유영익(1990), pp.100~107; 이광린(1992), pp.65~92 참조.

②「답청사조회答清使照會」, 「재답청사조회再答清使照會」, 「삼답청사조회三答清使照會」: 1887년 미국에 사절로 파견되었던 박정양朴定陽이 중국의 간섭으로 불가피하게 1889년 8월 20일(음력 7월 24일) 귀국하게 된다. 이른바 영약삼단另約三端[245]을 지키지 않는다는 이유에서였다. 조선 조정은 취운정翠雲亭(현재 가회동에 위치한 민영익의 별장)에 은거하고 있던 유길준에게 외교문서의 작성을 의뢰하였다. 이에 유길준은 위안스카이袁世凱에게 보내는 3편의 조회문을 작성하였다.

③「세계대세론世界大勢論」: 1883년에 집필한 세계의 여러 사정에 관한 초고 형태의 글이지만 중요하다. 특히 개화수이開化殊異, 자유대략自由大略의 항목이 주목된다.

④「중립론中立論」: 1885년에 집필한 이 글은 국제법과 국제정치에 관한 그의 견해를 나타내는 매우 중요한 글이다.

⑤「국권國權」: 1885년 외국에서 돌아와 연금되자 곧 집필한 짧은 글이다. 『서유견문』「방국邦國의 권리」의 초고이고 두 글의 내용이 서로 같다고 하는 견해가 있으나 두 글에는 상당한 차이점이 보인다. 이에 관하여는 후술한다.

⑥「경쟁론競爭論」: 귀국 직후 쓴 글로 사회진화론에 영향을 받은 것을 알 수 있다. 그가 1881~1882년 일본에 유학할 당시 일본에서는 진화론이 유행하였고, 1883년 미국에 유학할 때에는 진화론자인 모스E. S. Morse의 지도를 받은 바 있다.

245. 조선은 청국의 반대를 무릅쓰고 1887년 8월 18일 박정양을 미국 주재 전권대신으로 임명하였다. 이에 청국은 소위 '영약삼단'이라는 3가지 조건의 준수를 강요하게 되었다. 즉 (1) 조선 공사가 주차국(駐箚國)에 도착하면 먼저 청국 공관에 알리고 함께 주차국 외무성에 간다. (2) 외교회의 등에 참석하는 경우 조선 공사는 청국 공사 다음 자리에 앉는다. (3) 중대한 교섭 문제에 관하여는 조선 공사는 사전에 청국 공사와 상의한다는 것이었다. 박정양이 이를 어겼다고 하여 위안스카이와 조선 정부 간에 분쟁이 야기되었다.

⑦ 「언사소言事疏」: 1883년 2월 통서統署의 주사에 임명되면서 올린 상소문으로 특히 러시아의 위험을 경고하고 있다. 당시 만연되어 있었던 방아론防俄論을 반영하고 있다.

⑧ 그는 다음 5편의 저서를 번역하였다.

『정치학』: 독일 라트겐K. Rathgen 교수가 도쿄제국대학에서 행한 강연을 리카 류스케李家隆介와 야마자키 데쓰조山崎哲藏가 일본어로 번역한 것을 유길준이 다시 국한문 혼용체로 번역하였다. 번역 시기는 정확히 알 수 없다.

『영법로토제국가리미아전사英法露土諸國哥利米亞戰史』: 마쓰이 고키치松井廣吉가 1895년에 발표한 크림Krym · Crimea 전쟁사를 유길준이 번역해 1908년 서울 휘문관徽文館에서 발행하였다.

『보로사국후례두익대왕칠년전사普魯士國厚禮斗益大王七年戰史』: 시부에 다모쓰澁江保가 1896년에 발표한 프로이센의 프리드리히 대왕이 수행한 7년전쟁(1756~1763)의 역사를 유길준이 번역하였다. 1908년 서울 일한인쇄주식회사日韓印刷株式會社에서 발간하였다.

『파란쇠망전사波蘭衰亡戰史』: 1895년의 마쓰이 고키치 책을 번역한 것인데 미발표 원고 형태로 남아 있다.

『이태리독립전사伊太利獨立戰史』: 1895년의 시부에 다모쓰 책을 번역한 것인데 이것도 미발표 원고 형태로 남아 있다. 유길준이 이들 저서를 번역한 근본 취지는 조선과 같은 약소국이 어떻게 권력정치 국제사회에서 생존할 수 있는가에 귀감을 알리려는 것이었다.

유길준이 남긴 위의 저작들을 한번 훑어보아도 유럽 정치 개념들의 조선 전래에 그가 남긴 영향을 알 수 있다. 개념사의 입장에서 그의 저작들을 재평가해야 한다.

이들 저술에 나타난 그의 국제법과 국제정치에 관한 주요 담론과 개념들을 살펴보기로 하자.

그의 대표적인 저술은 국한문 혼용체로 집필한 『서유견문』이다. 그런데 20편으로 구성된 이 책의 제3편 중 「방국의 권리」는 매우 중요한 글이다. 이 글은 후쿠자와 유키치의 『서양사정』에도 보이지 않는 유길준의 독창적이면서도 훌륭한 글이다.

「방국의 권리」를 집필하면서 참조한 자료로 중요한 것은 『만국공법』이라고 유길준 자신이 그 서문에서 밝히고 있다. 그리고 1888년 2월 상하이上海에서 발간된 데니O.N.Denny의 *China and Korea*를 참조한 것으로 여겨진다. 「방국의 권리」 중에서도 핵심을 이루고 있는 종주국과 조공국 관계에 관한 부분을 집필하는 데에 이들 두 저서는 주요한 자료였다.[246] 또 「방국의 권리」는 1885년에 유길준이 한문으로 쓴 「국권」을 바탕으로 하고 있으나 두 글의 내용은 매우 다른 면이 있다. 자주 인용되는 유길준의 '양절체제'라고 하는 개념도 「국권」에는 보이지 않는다.

주권

「방국의 권리」는 먼저 나라의 권리라는 개념을 명백히 하고 있다. 다른 나라의 관할을 받지 않는 최고의 권리라고 하면서 이 권리에

246. *China and Korea*는 오스틴(J. Austin)의 말을 길게 인용하고 있는데(신복룡, 1987, pp.20~21) 유길준은 이 부분을 그대로 옮기면서 다만 오스틴의 이름을 거명치 않고 "근세의 공법학사가 말하되"(『유길준전서』 I, pp.110~111)라고만 적고 있다. 한편 『萬國公法』은 오스틴의 이 말을 인용하고 있지 않다. 또 유길준은 현 시대에는 속국이란 용어는 적당치 않다고 "공법에 통석(通晳)한 학사가 말하였다"(『유길준전서』 I, p.113)라고만 적고 있는데 *China and Korea*에는 그 사람이 오스트리아-헝가리 외상 칼노키(G. S. Kálnoky)라고 밝히고 있다(신복룡, 1987, p.34).

는 두 가지가 있다고 다음과 같이 말하고 있다.[247]

> 하나는 내용內用하는 주권이니 나라 안의 일체의 정치와 법령이 그 정부의 입헌立憲을 스스로 받드는 것이고, 둘째는 외행外行하는 주권이니 독립과 평등의 원리로 외국과의 교섭을 보수保守하는 것이다. 이로부터 연유하여 보면 한 나라의 주권은 형세의 강약과 그 기원의 좋고 나쁨善否이며 토지의 대소와 인민의 다과多寡를 논하지 않고 다만 그 내외관계의 진정한 형상에 의거하여 단정하는 것이니, 천하의 그 어떤 나라도 다른 나라의 이와 같은 권리를 범하지 않을 때에는 그 독립을 스스로 지키는 기초로서 그 주권의 권리를 스스로 행하는 것이다.[248]

유길준은 여기에서 주권이란 국력의 강약이나 국토의 대소를 불문하고 그 내외 관계에 있어서 다른 나라의 통제를 받지 않으면 곧 자주 독립국가라는 점을 말하고 있다. 그가 근대 국제법의 출발점을 정확히 이해하고 있었다는 것을 말해 준다. 그리고 주권이 내외의 주권으로 구분된다는 것은 당시 국제법 이론에서 모두 말하고 있는 것인데 『만국공법』에서는 이를 재내지주권在內之主權, 재외지주권在外之主權이라고 이르고 있다.[249] 이 부분도 「국권」에는 보이지 않는 내용이다.

247. 『서유견문』이 비록 국한문을 혼용하여 사용하였다 하더라도 간혹 그 뜻이 오늘날 잘 통하지 않는 부분이 있어 필자가 다시 쉽게 풀었다.

248. 『유길준전서』 I, p.105.

249. 『유길준전서』 I, pp.112~113.

조공국과 속국

유길준은 이어서 주권의 내용이라고 열거한 일곱 가지 권리[250]를 설명하고는 이 중 그 어느 하나라도 결여되면 독립국이 아니라고 적고 있다.[251] 주권의 불가불리성不可不離性을 말하고 있다. 따라서 "대국도 일국이오, 소국도 일국이라. 나라 위에 나라 없고, 나라 밑에 또한 나라 없다."

그러나 약소국은 현실적으로 간혹 나라를 지키기 위해 다른 나라의 보호를 받게 되고 공물貢物을 바치게 되나 내치와 외교에서 다른 나라의 통제를 받지 않는 한 이것은 공법상 주권의 훼손은 아니라고 하면서 조공국과 속국의 구별을 명쾌하게 밝힌다. 이 점은 사대 질서와 공법 질서의 개념을 그가 정확하게 지적하고 있어서 매우 중요하다고 판단한다. 긴 문장이지만 관련된 부분을 그대로 옮긴다.

> 대개 속방屬邦은 그가 복종하는 국가의 정령政令과 제도를 하나같이 받들고 내외의 모든 사무에 자주하는 권리가 전혀 없는 것이고, 증공국贈貢國은 강대국의 침벌侵伐을 면하기 위하여 그가 대적할 수 없는 형세

250. 유길준은 이런 주권의 구체적인 예로 다음을 들고 있다. (1) 현존(現存)과 자보(自保)하는 권리; 여기에는 다시 [갑] 신왕(伸枉)하는 권리, 즉 억울한 일을 교정하는 권리, [을] 보응(報應)하는 권리, [병] 답창(答搶)하는 권리, 즉 교전할 권리, [정] 서로 다투는 물(物)을 쟁취하는 권리, [무] 삽리(揷理)하는 권리, 즉 자국에 불리한 사실에 이치를 따지는 권리, [기] 선전(宣傳)과 결화(決和)하는 권리 등이 있다고 한다. (2) 독립하는 권리인데 여기에는 평균(平均, 즉 평등)과 경중(敬重)하는 권리가 포함됨, (3) 산업(토지)의 권리, (4) 입법하는 권리, (5) 교섭, 파사(派使) 그리고 통상의 권리, (6) 강화(講和)와 결약(決約)하는 권리, (7) 중립하는 권리 등을 열거하고 있다. 이 설명도 '국권'과 다르다. 「국권」에는 (1) 중 [병], [정]이 누락되어 있다.

251. 중립권을 설명하는 데에 있어서는 「국권」이 「방국의 권리」보다 전시중립과 항구중립을 예로 들면서 더 길게 설명하고 있다. 『유길준전서』 IV, p.29.

를 스스로 생각하여 비록 본심에는 합치되지 않더라도 약장約章을 준수하여 공물貢物을 증유贈遺하고 그가 향유한 권리의 분수와 정도로 독립주권을 얻어 갖는 것이니 이런 까닭에 증공국贈貢國이 다른 모든 독립국들이 보유한 여러 권리를 행할 것이니 세계 중의 당당한 한 독립주권국이나, 속국은 조약을 체결하는 권리가 없으며, 증공국은 다른 독립국들과 동등한 수호항행 그리고 통상의 여러 조약들을 의정議定하며, 속국은 영사 및 무역사무관 이외에는 총영사도 파견하는 권리가 없으며, 증공국은 그가 체결한 약관約款에 비추어 준수하여 조약을 체결한 국가에 각급 사절들을 파견하고 교전과 결화決和를 선고하는 권리가 있으나 속국은 이것이 없다. 증공국은 인방隣邦이 전쟁을 하는 때를 당하여 중립하는 권리를 갖고 있으나 속국은 그가 복종하는 국가에 대하여 이런 권리가 없는 것이다. 증공국은 그 수공국受貢國과 사절과 영사를 서로 파견하는 권리가 있으나 속국은 그가 복종하는 국가에 대하여 이 권리가 없는 것이다. 이들 여러 조목들이 같고 다름이 매우 뚜렷한 것인즉 만국공법은 방국邦國의 발달하는 체제를 맡아 수호하는 것이고 약국의 권리를 호위하여 주권을 모두 하나에 이르도록 하는 것이다.[252]

양절체제

유길준은 이어서 다음과 같이 설명한다. 약소국이 강대국의 일시적인 협박으로 불평등 관계가 형성되어도 약소국이 이를 승인하지 않으면 결코 속국이 될 수 없다는 점, 약소국 정부의 무지한 관리가 속방의 체제를 자인하는 경우에도 이런 행동은 전혀 법적인 효력이 없다는 점, 조공 관계는 증공국과 수공국 양국의 교섭하는

252. 『유길준전서』 I, pp.112～113.

예도禮度와 법례法禮를 정하여 둔 것이고 다른 나라들이 이에 간섭할 수 없다는 점, 따라서 공물을 주고받는 것은 공법상의 나라 권리와는 아무런 관련이 없다는 점들을 역설하고 있다.

따라서 조공 관계에 있는 양국의 관계는 종속 관계는 아니며 이들 두 나라 관계와 이들 두 국가와 기타 국가들의 관계는 두 개로 접혀 있는 이른바 양절체제兩截體制라는 것이다. 다시 말하자면 조선과 중국의 관계는 조공 관계와 더불어 근대적인 국제법 관계를 공유하는 특수한 관계인데 이런 특수한 관계 때문에 조선은 결코 속국이 아니며 당당한 독립국가라는 것이다. 그의 말을 직접 보도록 하자.

> 증공국의 체제가 수공국과 여러 다른 국가들에 대해서는 앞뒤의 양절이오, 수공국의 체제도 증공국과 여러 다른 국가에 대하여는 역시 앞뒤의 양절이라. 제국諸國이 수공국과 증공국의 양절체제를 하나로 보는 까닭은 무엇인가. 형세의 강약을 고려하지 않고 권리의 유무만을 따지는 것이기 때문이다. 강국의 망존妄尊은 공법이 비방하는 것이고, 약국이 수모를 당하는 것은 공법의 보호가 있는 것이다. 따라서 이와 같이 하나같지 않는 편체偏滯는 공법이 행하지 않아서 약국이 스스로 보존하는 길이니 강자가 자행하는 교습驕習을 조성하는 데에는 공법이 한 조목도 만들지 않는 것이다.[253]

조선이 중국에게 비록 조공을 한다 하더라도 이것이 결코 근대 국제법에서 말하는 속국이 아니라는 점을 유길준은 강조하고 있는

253. 『유길준전서』 I, p.117.

것이다. 물론 유길준 혼자만이 이런 근대적인 인식을 한 것은 아니었다. 위에서 본 바와 같이 1882년 9월 박영효 일행과 도쿄 주재 영국 공사와의 대화, 11월 러시아 공사와의 대화에서 개화파 인사들은 전통적인 사대 질서와 근대적인 국제법 질서의 본질적인 차이점을 이미 정확하게 인식하고 있었다. 그러나 이런 인식을 '양절체제'라는 개념으로 이론화하고 조공 관계와 국제법 관계를 근대적인 언술로 표현한 것은 유길준이 처음이다. 유길준은 이 「방국의 권리」라는 한 편의 글로서도 국제법적인 견지에서 볼 때 높이 평가되어야 할 것이다.

'양절체제'라는 개념을 현실 외교 세계에 적용한 것이 위안스카이에게 보낸 조회문들이었다. 이 중 두 번째의 조회문이 중요하다.[254] 유길준은 여기에서 '양절체제'라는 용어는 사용하고 있지 않지만 조선과 중국 간의 사대 질서와 조선과 다른 국가들 간의 평등 관계를 조리 있게 설명하고 있다.

조약, 공사, 영사

공법에 국한하여 볼 때 중요한 저술은 1883년에 집필한 「세계대세론世界大勢論」이라는 글도 중요한 저술이다. 오늘날 세계는 공법으로 연결되어 있어서 옛날같이 아무런 이유 없이 군사를 일으킬 수 없으며, 평시에는 국가 간의 화목을 위한 여러 법률이 있는데 그 대강을 보면 다음과 같다고 하여 조약, 공사, 영사 등의 개념을 설명하고 있다.

254. 『유길준전서』 IV, pp.332~339.

> 각국이 약속을 서로 맺어 그 화친和親을 견수堅守하며 교역을 편리하게 하는 자를 말하여 조약이라 하고, 이미 조약을 맺으면 이 국가는 저 국가에 전권을 가진 자 한 사람을 그 수도에 재류케 하여 교제 사무를 상의商議하게 하니 이를 공사公使, 미니스다아라고 칭한다.[255]

그리고 무지하여 외국 공관을 습격하는 경우에는 피해국에 대한 배상금과 피해가족에 대한 보상금인 휼은恤銀을 지불하는 것이 공법의 원리임을 쓰고 있다. 이것은 바로 그전 해에 있었던 임오군란을 가리키는 것임은 물론이다. 그리고 외국의 교역장에 자국의 상인을 보호하고 교역 등의 일을 관장하는 자를 영사, 곤슈욜이라고 말한다고 하면서, 공사는 한 사람이로되 영사는 여러 사람이 있다고 말하고 있다. 유길준은 이에 관하여 훗날 다시 자세히 쓰겠다고 하여 공법에 관하여 본격적으로 집필할 계획이었음을 암시하고 있다.

국가기본권

「세계대세론」의 '자유대략自由大略'이란 항목도 공법에서 말하는 국가의 기본권을 설명하고 있어서 주목해야 할 글이다. 타국인도 국내에 있으면 국내 법률의 적용을 받게 되는데 이를 일국주재권一國主裁權이라고 하고, 타국의 간섭을 받지 않는 것은 일국독립권一國獨立權, 대국이나 소국이나 관계없이 동등한 것은 일국동등권一國同等權이라고 한다면서 이들 세 가지 대권大權을 합하여 일국의 권리라고 한다는 것은 모든 신문 논설이나 저서들에 나타나 있다는 것이다. 따라서 오늘날의 세상을 인권국권세계人權國權世界라고 부른다는 것이다.

255. 『유길준전서』 III, pp.99～100.

그런데 조선의 현실은 어떠한가. 치외법권, 세권稅權의 상실, 그리고 외국 공사의 병력 인솔권 등으로 위의 세 가지 대권이 상실되었다고 개탄하고 있다. 조선이 이 지경이 된 것은 병력이 없기 때문이라고 하여 유길준은 부국강병론을 주장하고 있다.

개화

「세계대세론」의 '개화수이開化殊異'란 글도 중요하다. 그것은 유길준의 역사 발전에 관한 견해를 나타내고 있다. 『서유견문』의 '개화의 등급'이란 글도 있으나 이 글은 개인들 차원의 개화를 말하고 있는 것이고, 국제정치적인 차원에서는 '개화수이'라는 짧은 글이 특기할 만한 것이다.

유길준은 개화의 등급을 다음과 같은 4단계로 구분하고 있다. ① 야만 ② 유목민과 같은 미개 ③ 반개半開의 나라들로 아시아 동부, 아시아 서부, 페르시아, 터키 등이 여기에 속한다. 이들 국가의 특징은 옛 법을 지키고 자신이 세계 제일이며 타국을 모두 이적夷狄으로 여기는 데 있다. ④ 문명의 국가로 유럽의 나라들과 미국이 여기에 해당된다는 것이다.

그러나 ④의 국가들이 비록 문명국이라고 하나 문명의 극極이나 참다운 문명眞文明은 아니며 장차 어느 나라가 진문명의 단계에 진입할 것인지는 아무도 모른다고 말하고 있다.[256] 다시 말하자면 현재는 비록 구미 열강이 세계를 지배하고 있으나 미래 국제사회의 형세는 그 누구도 단언할 수 없다는 것이다. 그러면 어떻게 이들 단계를 뛰어넘을 수 있는가? 유길준은 이런 4단계가 결코 확정된 것이

256. 『유길준전서』 III, pp.34~35.

아니어서 외국 문물의 장단을 고려하여 장점을 속히 섭취하여 경쟁의 범위를 확대하고[257] '개화의 주인'[258]이 되도록 국민을 계도하는 길이 첩경이라고 단정하고 있다.[259] 그는 다시 교육론에 귀착하고 있는 것이다.

중립

다음으로 1885년에 집필한 「중립론」이 매우 중요한 글이다. 당시 개화파 인사들은 조선의 독립을 보장하기 위해서는 중립화 방안도 최선의 방책 중 하나라고 여겼다. 김옥균이 1886년 7월 7일 리훙장에게 보낸 서한에도 중립 문제가 나온다. 이 서한은 자신을 암살하려는 자객 지운영池運永을 일본에 밀파한 것이 위안스카이와 리훙장이라고 규탄하는 대담한 내용을 담고 있다. 이 글은 7월 15일자 도쿄 니치니치신문東京日日新聞에 발표되어 파문을 일으켰다. 김옥균은 이 서한에서 리훙장과 같은 일국의 대신이 자객을 파견하는 일에 관여하지 말고 진정한 평화를 위해 헌신할 것을 충고하면서 다음과 같이 결론짓고 있다.

> 각하는 어찌 대청국 황제 폐하를 천하의 맹주盟主로 추대하여 구미

257. 「경쟁론」, 『유길준전서』 IV, pp.59~60.
258. 「개화의 등급」, 『서유견문』, 『유길준전서』 I, p.398.
259. 외국의 기기를 구입하거나 외국인을 고용하지 말고 우리나라 사람이 외국의 학문을 하루 속히 익히고 우리의 옛것을 발전시켜야 한다고 하면서 다음과 같이 말하고 있다. "우리나라에도 고려자기는 천하의 유명한 것이며 이 충무공의 거북선[龜船]은 철갑 병선이라. 천하에서 가장 처음 나온 것이고 교서관(校書館)의 철주자(鐵鑄字)도 천하에서 제일 먼저 행한 것이라. 우리나라 사람이 만일 연구하고 또 연구하여 편리한 도리를 경영하였다면 모든 사물이 금일에 이르러 천하만국의 명예가 우리나라에 돌아왔을 것인데 후배들이 선인들의 구규(舊規)를 윤색하게 하지 못한 연유로다." 『유길준전서』 I, p.404.

각 대국에 공론公論을 선포하고 이들과 함께 연속하여 조선을 중립의 국가로 만들어서 만전萬全하고 위험이 없는 지역으로 만들지 않습니까?[260]

유길준 자신은 「중립론」을 집필하기 이전부터 이에 관하여 관심을 갖고 있었다. 갑신정변의 소식을 듣고 조선으로 향하기 직전에 뉴욕에서 그의 스승 모스E. S. Morse에게 1884년 12월 27일 보낸 서한에서는 이렇게 쓰고 있다.

주한 독일공사가 한국 사태에 관한 전보를 받았다는 이곳의 뉴스를 읽고 안도의 한숨을 쉬었습니다. 오늘 아침 이 소식을 게재한 신문을 읽었는데 이것은 교수님의 이론에도 크게 관계가 된다고 생각합니다.[261]

여기에서 말하는 한국 사태에 관한 전보 운운은 부들러H. Budler의 중립론을 지칭하는 것이라고 이광린 교수는 추측하고 있다.[262] 그렇다면 이 서한의 내용으로 보아 모스는 일찍이 조선이 중립국이 되는 것이 하나의 방책임을 유길준에게 말하였음을 알 수 있다.

260. 『김옥균전집』, p.152.
261. 이광린(1989), p.225.
262. 이광린(1989). 총영사 젬브쉬(Zembsch)의 뜻에 따라 부들러가 갑신정변 사후 처리를 위하여 조선에 온 이노우에 가오루(井上馨) 일본 전권에게 조선의 중립을 건의한 일을 말한다. 그런데 유길준의 이 서한은 의미가 불분명하여 이에 관하여는 더 따져 보아야 할 문제들이 있다고 여겨진다. 먼저 유길준이 읽었다는 그 신문의 기사를 찾아내야 할 것이다. 서한 내용은 다음과 같다. "I was greatly relieved by seeing this news, that is the German Minister to Korea has received a tranquilizing telegrams regarding the situation in Korea. I read this paper this morning and thought it is very important to your theory."

1885년이라는 시점에서 쓴 이 「중립론」은 중국의 역할을 크게 부각시킨 점이 우선 특징이다. 같은 시기에 집필한 『서유견문』의 「방국의 권리」에서 보인 중국에 대한 적대적인 태도와는 매우 대조를 이루고 있다. 「중립론」의 내용을 보도록 하자.

먼저 중립에는 항구중립恒久中立, 즉 영세 중립과 전시 중립 두 가지가 있다고 하면서 이들을 설명하는 것으로부터 시작하고 있다. 이어서 현재 유럽에는 비리시比利時 · 벨기에와 발가리아發佳利亞 · 불가리아가 중립국 또는 중립지로 되어 있는데 공법에서는 자주 국가만이 중립권이 있다고 말하고 있으나 불가리아는 터키에 조공을 바치는 하나의 소국인데도 공법이 중립국이 되는 것을 저해하지 않는다고 지적한다. 또한 불가리아가 중립국이 될 수 있는 것은 무엇보다 열강이 러시아의 남침을 저지하기 위해서이며, 벨기에의 중립은 열강의 상호 이익 때문이라고 지적하면서 조선의 중립은 이 모든 점을 갖추었다고 말한다.

> 이제 우리나라는 그 지역으로 보자면 아시아의 인후咽喉에 처하여 있어서 유럽에서 벨기에의 경우와 같다. 우리의 지위로 본다면 중국의 조공국으로 불가리아가 터키에 대한 것과 같다. 그러나 동등의 예로서 각국과 조약을 체결하는 권리를 보유한 것은 불가리아에는 없는 바이고 우리에게는 있는 것이다. 조공국의 대열에서 다른 나라의 책봉을 받는 일은 벨기에에는 없으나 우리나라에는 있는 것이다. 이런 까닭에 우리나라의 형세는 벨기에와 불가리아의 전례典例를 겸한 것이다. 불가리아가 중립이 된 약속은 유럽의 여러 대국이 러시아를 방어하려는 계책에서 나온 것이고, 벨기에가 중립이 된 약속은 유럽의 여러 대국이 서로 자기 보존의 계책에서 나온 것이다. 이로써 논한다면 우리나라가 아

시아의 중립국이 된다는 것은 러시아를 방어하는 큰 기틀이 되며, 또한 아시아의 여러 대국이 서로 보전하는 정략政略인 것이다.[263]

여기에서 조선의 국제정치적인 위치가 벨기에와 불가리아의 전례를 겸비하고 있다는 것은 곧 「방국의 권리」에서 말한 바 있는 '양절체제'를 가리키고 있는 것이다. 유길준은 이런 독특한 조선의 현상에서 중립만이 조선이 나아갈 길이라고 1885년 당시 판단하였다. 그러면 이런 중립국으로 가는 현실적인 방책은 어디에서 찾을 것인가? 일본은 조선의 중립을 보장할 수 있는 국력이 아직 없으며, 미국은 먼로주의 이후 타국의 일에 적극 개입하지 않으며 우리에게 무슨 일이 있는 경우 말로는 도울지 모르나 병력을 동원할 수는 없는 처지에 놓여 있다. 유일한 방법은 중국이 우리의 요청을 받아들여 중립을 열강에 제의하는 길만이 있다고 판단하여 중국의 우호적인 협력을 호소하고 있다. 중국의 동의 없이 중립국이 될 수 없는 상황임을 정확하게 인식하였다고 볼 수 있다. 이런 인식에서 조선이 현재 국가로 존재하고 있는 것은 오로지 중국의 비호에 힘입고 있다고까지 말하는[264] 정치적인 언사가 필요하였을 것이다. 중국이 조선 중립화에 앞장서야 한다는 발언은 앞서 든 김옥균이 리홍장에게 보낸 서한에서도 나타나 있다.

유길준은 정치인이라는 점에 유념하여 그의 저작들을 이해해야 될 것이다. 그의 여러 글들은 언제, 무슨 동기에서 집필했느냐를 먼저

263. 『유길준전서』 IV, pp.320~321. 러시아는 침략을 자행하고 공법을 유린한다는 인식은 이 글에도 길게 쓰고 있고, 1883년에 집필한 「언사소」에도 잘 나타나 있다. 『유길준전서』 IV, p.68 이하.

264. 『유길준전서』 IV, p.322.

생각해야 한다. 그도 만년에는 공법 회의론에 빠지게 된다. 이런 회의론은 청일전쟁 이후 조선의 지식인들 사이에 만연되어 있었다. 이런 현상은 중국의 경우도 마찬가지이다.

부국강병

그는 1908년에 두 편의 번역을 세상에 내놓았다. 그가 이런 번역 작업을 하게 된 근본 취지는 공법은 믿을 만한 것이 못되며 자강하는 길과 각국의 외교정책을 잘 파악하는 길밖에 없다는 것을 알리기 위해서였다고 여겨진다. 『보로사국후례두익대왕칠년전사普魯士國厚禮斗益大王七年戰史』에 그 자신이 쓴 서문에는 다음과 같은 말이 적혀 있다.

> 나라가 작다고 스스로 위축되지 말며 군대가 적다고 스스로 약하게 하지 말지어다…. 나라와 나라가 교제하는 데에 이르러는 힘만이 정의라고 하며 권능權能을 진실한 덕德으로 삼는 까닭에 우호조약들이 평시平時의 한가한 말놀이에 그치고 만국공법이 지상紙上의 공문空文에 불과한 것이다…. 근세 달관達觀한 사람이 말하되 공법 천 마디가 대포한 문門만 같지 못하다 하더라.[265]

조선이 처한 국제정치적인 여건을 서양의 공법학에서 사용하고 있던 근대적인 개념들을 원용해 체계적으로 표현하고 조선의 외교적인 향방을 밝힌 점에서 유길준은 높게 평가되어야 할 것이다.

265. 『유길준전서』 Ⅲ, pp.483~484. 『영법로토제국가리미아전사』의 서문에도 공법은 믿지 못할 바이고 타국의 침략을 막기 위해서는 터키의 경우를 거울 삼아야 한다고 적고 있다. 『유길준전서』 Ⅲ, p.132.

박영효

주요 저술

유길준은 근본적으로 사대 질서와 근대 국제법 질서가 공존하는 조선의 국제정치 현실을 인정하면서 조선의 독립국임을 입증하려는 태도를 견지하였다. 그러나 박영효朴泳孝(1861～1939)[266]는 조선이 독립국이 되려면 먼저 청국과 단절해야 된다는 전제에서 출발하고 있다. 갑신정변적인 사고방식이라고 볼 수 있다. 박영효를 변법變法적인 개혁운동가로 평가하고 중국의 량치차오梁啓超와 비유하는 근거가 여기에 있다.

국제정치 문제에 관하여 주목할 만한 그의 저술은 다음과 같다.

① 「사화기략使和記略」[267]: 1882년 양력 9월 26일에서 12월 31일까지 일본에 체류하고 있는 동안의 일기체 기록이다.

② 「건백서」[268]: 1888년 2월에 작성한 조선 개혁안으로 매우 중요한 문건이다.

③ 「대조선청년보국회서문大朝鮮靑年保國會誓文」[269]: 1889년 그가 도쿄에서 결성한 청년회의 서약문이다.

④ 「내무아문 훈령1호內務衙門 訓令1號」[270]: 그가 내무대신에 임명되면서 내린 첫 번째 명령이다.

⑤ 「개혁훈시改革訓示」[271]: 1895년 4월 4일 각 도읍에 훈시한 88개조

266. 박영효의 생애에 관해서는 김용구(1997a), pp.261～262 참조.
267. 『수신사기록』, pp.195～267.
268. 『日本外交文書』 21, pp.292～311.
269. 이광린(1993a), pp.135～136.
270. 이광린(1993a), p.143.
271. 유영익(1990), pp.243～246.

에 달하는 개혁 사항들이다.

⑥ 「인권론」[272]: 1900년 그가 국내에서 모금 운동을 전개하라고 일본에서 지령하면서 보낸 팸플릿이다.

사대와 공법

「사화기략」은 일기체 기록이나 너무 간략해 아쉬움을 갖게 하는 사료이다. 박영효 일행이 그 짧은 일본 체류 기간에 도쿄에 주재하고 있던 거의 모든 외국 공관장들을 만난 것은 특기할 만하다. 영국, 중국, 미국, 러시아, 프랑스, 독일, 오스트리아-헝가리, 이탈리아, 벨기에, 네덜란드, 스페인, 그리고 하와이 공사들을 두루 만났다. 영국, 미국, 그리고 러시아 공사들과 나눈 담화들은 이미 전술한 바 있다. 사대 질서의 조공 관계와 근대 국제법 질서의 종주국-속국 관계는 질적으로 다르다는 것을 역설한 것도 지적한 바 있다.

변법 개혁

「건백서」[273]의 구성을 보면 서론에 이어 8개 항목으로 나누어 개혁을 논하고 있다. ① 세계의 형세(宇內之形勢) ② 법과 기율을 일으켜

272. 김용구(1995~1996) 8, pp.247~250.

273. 「건백서」는 매우 중요한 문건인데 여러 가지 문제들이 의문으로 남아 장차 후학들의 연찬이 필요하다. 먼저 집필 동기에 관한 문제이다. 외국 망명생활 중에 이런 방대한 구상을 글로 옮긴다는 것은 그리 용이한 일이 아니다. 박영효는 갑신정변 실패 후 일본에 건너간 지 얼마 되지 않은 1885년 5월 서광범, 서재필 등과 함께 미국으로 갔다가 1886년 1월 다시 일본으로 돌아온다. 따라서 「건백서」는 1886년 1월에서 1888년 2월 사이에 작성되었을 것이다. 당시 박영효는 일본에서 영어 학습을 시작으로 서양의 철학과 기독교에 심취해 있었을 때였다. 이런 배경이 「건백서」의 내용에 반영된 것은 물론이다. 그러나 이런 글을 남기기 위해서 박영효의 주위에는 그의 수하였던 정란교(鄭蘭敎), 이규완(李圭完)을 비롯한 이른바 토론 그룹이 있었을 것이다. 김옥균은 일면 자유분망한 생활을 하고 있었던 데 반하여 박영효는 차분한 집필생활을 하였다고 여겨진다.

백성과 국가를 안정시킴(興法紀安民國) ③ 나라의 살림을 잘 운영하여 백성과 국가를 윤택하게 함(經濟以潤民國) ④ 국민생활을 보호하여 인민을 건강케 함(養生以健殖人民) ⑤ 무비를 다스려 백성을 보호하고 국가를 호위함(治武備 保民護國) ⑥ 백성에게 재덕과 문예를 가르쳐 근본을 다스림(敎民才德文藝以治本) ⑦ 정치를 바르게 하여 백성과 나라가 정함이 있게 함(正政治 使民國有定) ⑧ 백성으로 하여금 당연한 자유를 얻게 하여 원기를 기름(使民得當分之自由以養元氣) 등이 그것이다. 국제정치 문제에 관한 내용을 살펴보자.

「건백서」는 고종을 '폐하'라고 칭하면서 시작한다. 조선이 자주국이며 중국과의 단절을 전제로 하고 있다.[274] 일본에 이미 사절을 파견하고 구미歐美에도 사절을 파견하여 임지로 이미 떠났으니 이 모든 일은 경축할 만하다고 하면서 이런 경하할 일이 계속 이어지기를 희구한다고 말한다. 조선은 근세에 들어와 위기가 중첩되어 지금에 이르러 폐하가 부흥을 힘써 도모하려 해도(亟圖興復) 달성될 수 없는 원인은 나라의 일을 맡은 재상들이 적임자가 아니기 때문

이런 집필 동기와 그 과정이 더 밝혀져야 할 것이다. 더욱 궁금한 일은 집필이 완성된 1888년 2월 24일 이후 일본 외무성 기록과에 복사해서 보관하게 된 1894년 7월 20일까지 이 문서에 관해 아무런 문서상의 기록이 보이지 않는다는 점이다. 이 문서를 게재하고 있는 『일본외교문서』는 짧은 해제를 붙이고 있다. 원본은 하야시 다다스(林董) 외무차관이 메이지 27년(1894년) 7월 중순 모(某)씨로부터 빌려 본 것인데 훗날 참고하려고 외무성에 사본을 의뢰하여 등사하였다는 것이다. 그런데 아오키 고이치(青木功一)는 하야시 외무차관과 후쿠자와 유키치가 사돈 관계에 있기 때문에 위의 모씨는 후쿠자와일 것이라고 추측하고 있다(青木功一, 1976, p.130). 그리고 근 5년 반 동안 「건백서」와 같은 문건이 사장(死藏)되어 있었으리라고는 상상하기 힘들다. 이 문서는 상소문인데 박영효가 작성이 완료된 후 조선 조정에 전달하려고 노력하지 않았다고도 믿기 힘들다. 또한 당시 일본의 신문들은 박영효의 근황을 자세히 보도하고 있었다. 『新聞集成明治編年史』 15책 색인 중 '박영효'란(p.507)을 보면 알 수 있다. 이 색인 중 '박영효 건백'이란 항목이 있으나 그 기사를 찾을 수 없다.

274. 이런 태도는 「내무아문 훈령 제1호」, 「개혁훈시」 제86조, 제87조에 잘 나타나 있다.

이라는 것이다. 따라서 나라의 경영은 백성을 위하여 도모해야 된다는 것을 강조하고 있다. 또한 조선은 세계의 일들을 알지 못하고 천하의 웃음거리가 되고 있으며 "천하의 사람들이 우리 조선을 미치고, 우매하고, 취하고, 광기에 찬 나라로 보고 있다"[275] 라는 것이다. 서론이 끝나고 박영효는 국제정치 문제를 먼저 거론하고 있다. '세계의 형세' 항목을 보자.

현재 세계의 국가들은 전국 시대의 경우와 같이 약육강식에 서로 경쟁하고 있어서 폴란드와 터키가 분열되고 잠식되고 있다고 하면서 다음과 같이 말하고 있다.

> 만국공법, 균세, 공의公義가 있다손 치더라도 나라에 자립 자존하는 힘이 없으면 반드시 삭탈되고 분열되는 것을 당하여 유지할 수 없습니다. 공법과 공의는 본래 믿을 만한 것이 못 됩니다. 유럽의 문명 강대국도 역시 패망되는데 항차 아시아의 미개하고 약소한 나라에 있어서야 말할 필요가 없습니다. 유럽 사람들은 입으로는 법과 정의를 말하지만 마음으로는 범과 이리를 품고 있습니다.[276]

그는 이어서 서양 사람들은 지구의 10분의 9를 점탈하고 나머지 어느 곳으로 침략이 뻗칠지 우려된다고 하고 러시아의 침략성을 거론하고 있다. 그런데 이들 서양 세력이 본시 문명한 것이 아니고 아시아가 유교, 불교, 기독교, 이슬람교의 본고장인데 현재의 상황은 왜 그런가? 그것은 곧 아시아의 나라들이 백성 보기를 노예와 같이 하기 때문이라는 것이다. 나라의 잘못이지 백성의 잘못이 아니라는 것이다.

275. 『日本外交文書』 21, p.295.
276. 『日本外交文書』 21, p.296.

박영효 글의 이 부분은 매우 평범한 내용이다. 세계 정세에 대한 내용은 당시 많은 사람들이 말하고 있는 것과 유사한 것이다. 러시아 문제도 마찬가지임은 우리가 앞에서 길게 보아 온 바와 같다.[277] 「건백서」의 의의는 국정 전반을 일대 개혁하지 않으면 안 된다는 그의 사상에 있다고 볼 수 있다. 이런 점에서 아오키 고이치는 「건백서」를 변법사상에 근거하고 있다고 해석하고 량치차오의 「신민설新民說」에 비유하고 있다.[278]

천부인권설

위의 글을 읽어 보면 당시 유행하던 천부인권설에 상당히 영향을 받은 것을 알 수 있는데 이 점이 두드러진 것이 그의 「인권론」이다. 이 글은 현재 일본 외무성 외교사료관에 소장되어 있는데 필자가 연전에 발간한 문서집에 수록되어 있다.[279] 이 글은 박영효의 글이 분명한데 언제 집필되었는지는 정확히 알 수는 없지만 1900년 9월 2일자로 박영효가 부산의 하나다 마고베花田孫兵衛(가명일 것임)에게 보낸 편지와 함께 국내에 우송된 것이었다. 당시 박영효는 일본에 망명 중이었는데 국내에서 모금 운동을 전개하고 일대 개혁을 단행할 계획을 추진하고 있었다. 그런데 일본 당국은 1899년부터 경남

277. 아오키 고이치는 이 항목의 3곳이 후쿠자와 유키치의 『西洋事情』에서 인용한 것이라고 지적하고 있다(靑木功一, 1969, pp.49~50). 그런데 인도 문제에 관한 부분, 즉 인도가 영국의 지배를 원한다는 간략히 설명한 부분을 제외하고는 다른 두 부분은 당시 유행되던 문구들로서 다른 저서들에서도 습견(習見)되는 내용들이다. 또 아오키 고이치는 이 항목의 2곳이 대학이나 맹자에서 이끈 것이라고 지적하고 있다(靑木功一, 1976, pp.94~95). 그러나 당시 사람들은 중국 고전들을 일상적으로 사용하였기 때문에 이들 출처를 찾아 적기한다는 것은 그리 큰 의미가 없다.

278. 靑木功一(1976), p.89.

279. 김용구(1995~1996) 8, pp.247~250.

지역에서 일고 있었던 활빈당의 주모자가 박영효인 것으로 오인하여 그의 많은 서한들을[280] 압수하였었다.

위의 박영효 서한을 보면 「인권론」과 「대사판지大事辦旨」를 수천 장 보내니 「인권론」은 누구에게나, 그리고 「대사판지」[281]는 동지에게만 전달토록 부탁하고 있다. 「대사판지」란 물론 거사의 계획요령이었다. 「인권론」은 등사되어 우송된 것인데, 인권이 없으면 국권도 없고 나라가 존립할 수 없으니 무엇보다 인권의 보장이 급선무임을 강조하고 있다. 이와 같은 인권과 인간평등의 강조는 그의 「보국회선서문」에도 잘 나타나 있다.

박영효는 한일합방 이후의 친일행각으로 역사에서 도외시당하는 면이 없지 않다. 그러나 1910년 이전 그의 활동들, 특히 「건백서」의 집필 과정에 관하여는 미발굴의 자료들을 찾아 재구성해야 되며, 1900년 그의 개혁 운동에 관하여는 필자가 발간한 일본 외무성 기록을 참조하여 다시 조명해야 할 것이다. 박영효는 「건백서」 문건 하나만으로도 역사적으로 재평가되어야 한다.

을미사변

중국에서는 청일전쟁 이후 서양 공법에 대한 회의론이 만연하게 되지만 조선의 사정은 좀 달랐다. 조선은 국모인 명성황후明成皇后가 일본인에 의해 시해弑害당하는 전대미문의 사건을 경험하자 일본을 응징해야 된다는 명분을 서양 공법에서 찾게 되었다. 서양 개념의 전래에 비판적이었던 위정척사파의 인사들도 서양의 공법 이론을

280. 이들 서한들도 위의 책에 수록되어 있음.
281. 김용구(1995~1996) 8, pp.251~252.

원용해 일본을 규탄한 것은 한 특징이었다.

『승정원일기』, 『일성록』, 『고종실록』에는 을미사변乙未事變(1895년 10월 7~8일)과 아관파천 문제를 공법과 관련한 상소문 네 편이 수록되어 있다. 첫째는 선유대원宣諭大員 최익현崔益鉉이 1896년 2월 25일에 상주한 글이다. 이 상소문은 위정척사파의 수장인 그에게 걸맞은 글이었다. 이제 세상은 하나가 되어 신의로 뭉쳐져야 하는데도 일본은 인방隣邦의 도리를 생각하지 않고 먼저는 박영효와 서광범 등으로, 후에는 조희연趙羲淵과 유길준 등으로 하여금 역모를 꾀하도록 협조하여 오래도록 변고를 만들었다고 하면서 다음과 같이 말하고 있다.

> 신은 각국이 통화通和하는 데에는 소위 공법이라는 것이 있고 또 약조約條가 있다는 것은 들었으나 인국隣國이 역적을 도와 남의 임금을 겁탈하고 남의 국모를 살해하는 약속의 글이 있다는 것은 알지 못합니다. 반드시 이런 이치가 없을 것입니다. 과연 그런 이치가 없다면 그 소위 공법과 약조는 무엇에 쓸 것입니까.[282]

각국에 이런 사실을 알려 군대를 일으켜 문죄해야 된다고 역설하고 있다. 이 모든 불행의 근원은 개화에 있다고 다시 한 번 그는 강조한다.[283] 그러나 그 역시 서양 공법을 원용하여 일본을 비판하고 있는 사실이 주목된다.

같은 해 1895년 8월 4일에는 전 부사府使 이시우李時宇 등이 아관에

282. 『고종실록』 중, p.581(이하 『승정원일기』, 『일성록』의 내용은 같은 날 기사를 참조).

283. "개화 이후 선왕의 법제를 모두 혁파하여 하나같이 왜이(倭夷)의 지휘에 따라 중화를 이적(夷狄)으로 만들고 인류를 금수(禽獸)로 만들었으니 이것은 개벽(開闢) 이래로 아직 있어 본 적이 없는 대변(大變)입니다." 『고종실록』 중, p.581.

머물지 말고 하루 속히 환어하여 일본에 복수할 것을 상주하면서 죄인을 일본으로부터 인도할 것을 말하고 있다.

> 오늘날 공법이 천하에 행해지고 있고 각국이 맹약을 매우 중히 여기고 있습니다. 그런데 외국인이 범죄를 일으켜 시역弑逆한 자나 반역의 괴수로 해외에 도피한 자는 실로 한 번 그 단초를 논한다면 가히 나포하여 붙들어 심판할 수 있으며, 군대와 병참이 근거 없이 내주來駐한 자나 외국 상민이 법을 무시하고 시장에서 버티고 있는 자들은 실로 한 번 힐난하면 가히 옛것을 비추어 철수할 것입니다.[284]

같은 내용의 상소문을 전 주사主事 김익로金益魯 등이 같은 해 10월 19일 올렸다. 공법에 따라 각국과 연결하여 일본을 토벌하고 죄인의 송환을 요구하고 있다.

> 오늘날 대저 만국의 기초인 대소국가가 병렬하고 강국과 약국이 가지런하여 우주 내에 평균의 세勢를 이루고 있는 것은 다름이 아니라 공법으로서 유지되고 있기 때문입니다. 만일 공법이 없다면 약육弱肉을 강식强食하여 하루라도 온전하겠습니까? 만국의 풍속은 비록 다르다 하여도 천지간에 사람 마음의 상도常道는 같은 것입니다. 인국의 내정을 간섭하는 것은 공법이 이미 허용하지 않는 바인데 항차 범행을 자행하고 우리 국모를 시해하는 것이 가히 공법에서 빌릴 수 있겠습니까?[285]

284. 『고종실록』 중, p.593.
285. 『고종실록』 중, p.604.

공법에 따라서 국제 여론을 환기시켜 일본을 응징할 것을 주장하고 있다. 10월 23일 전 장령掌令 박인환朴寅煥의 상소도 같은 취지였다.[286]

칭제건원

1897년 8월 16일 광무光武로 연호를 정하자 왕위를 황제로 호칭해야 한다는 칭제건원稱帝建元의 문제가 제기되었다. 전통적인 사대 질서에서 볼 때에는 있을 수 없는 일이었으나 명분상 홍범 14조로 조공 관계는 이미 단절된 이후였다. 결국 10월 12일 황제의 칭호를 사용키로 하였는데 이에 앞서 여러 상소가 있었다.

의정부 의정議政 심순택沈舜澤이 백관을 거느리고 황제를 칭할 것을 여러 번 주청奏請하였는데 공법을 원용한 것은 권재형權在衡과 김재현金在顯의 상소였다. 특히 농상공부農商工部 협판協辦 권재형의 상소는 『공법회통』의 장절을 구체적으로 인용하면서 황제 호칭을 진언하고 있다.

지금까지 '만국공법', '공법', '균세' 등 일반적인 개념만을 거론하여 왔는데 특정한 국제법 저서의 장절을 구체적으로 지적하면서 상소문을 작성한 것은 권재형의 글이 처음이다. 그러나 상세한 여러 문제를 거론하게 되자 『공법회통』의 해석에 여러 가지 문제점이 나타나게 되었다. 1880년대부터 서양 공법이 본격적으로 전래되긴 하였으나 그 참뜻을 이해하기는 실로 어려웠을 것이라는 사정은 이미 몇 차례 지적한 바 있다. 그 대표적인 예가 1888년 9월 26일(음력 8월 21일) 병조 정랑正郎 김사철金思轍의 상소이다. 견미사절 박정양朴定陽 공사에 수행할 참무관參務官에 임명되자 김사철은 이를 사임하는 상

286. 『고종실록』 중, p.605.

소에 다음과 같이 적고 있다.

> 근래 현행의 공법 약조 장정 조회 등 일체의 문건이 한문으로 번역된 것을 아직 보지 못하였으며, 또한 혹 보더라도 그것들이 가리키는 뜻이 무엇인지 알 수가 없습니다.[287]

권재형으로 돌아가자. 1897년 9월 25일 그가 올린 상소문은 『공법회통』의 제84장, 제85장, 제86장을 인용하고 있다.

> 제84장에서 말하기를 방국은 모두 존칭을 사용할 수 없고, 따라서 명名과 실實이 스스로 서로 대응한다고 하였습니다. 그 주注에 이르기를 140년 전에 아라사 군왕이 황제를 칭하자 처음에는 각국이 이를 즐거워하지 않으나 20여 년이 지나자 이를 인정하였다고 합니다. 신이 이를 미루어 살피건대 각국이 인정할 것인지 아닌지를 미리 알 수는 없으며 오로지 우리나라가 스스로 행하는 여하에 있다고 생각합니다.[288]

블룬칠리의 원전이나 마틴의 번역을 보면 황제나 왕위의 칭호를 함부로 사용하면 안 된다고 역설하고 있다. 그리고 러시아 군왕이 황제 칭호를 사용한 것을 20여 년 후 각국이 인정하게 된 것은 러시아 국력이 증강되었기 때문이라고 블룬칠리는 쓰고 있다. 또한 헤세海司 · Hesse 공국이 왕위의 호칭을 주장했으나 5대 강국이 1818년 엑스라샤펠艾克司 · Aix-la-Chapelle에서 이를 거부했다고 번역문이나 원문은

287. 『고종실록』 중, p.301.
288. 『고종실록』 하, p.4.

적고 있다.[289] 따라서 권재형은 국력에 대응하지 않는 황제의 칭호를 거부한 『공법회통』의 장절을 인용하여 반대로 황제 칭호의 사용을 주청奏請하고 있다. 원전이나 번역을 자의적으로 해석하고 있다.

『공법회통』 제85장의 인용도 같은 맥락에서 오류를 범하고 있다. 그의 상소문은 이렇게 쓰고 있다.

> 제85장에 이르기를 방국이 관할하는 것이 한 나라에 머물지 않고 경지가 넓은 경우에는 황제를 칭함이 혹 가하나 그렇지 않으면 분수에 넘치는 망령일 것이라고 하였습니다. 신이 이를 미루어 생각하여 보면 황제의 칭호를 하는 데에는 원래 정하여진 바가 없는 것입니다. 여러 나라를 관할하는 데에는 영국만한 나라가 없고 경지가 넓기로는 러시아만한 나라가 없습니다. 이들 나라들을 논한다면 언제나 황제를 칭해야 합니다. "혹 가하다" 할 때 혹或이란 정하여지지 않았다는 말이며, 뒤이어 "그렇지 않으면 분수에 넘치는 망령일 것(似)이다"에 쓰인 사似도 역시 정하여지지 않았다는 말입니다.[290]

마틴의 번역은 뒤이어 소국이 황제를 칭하면 안 되며 유럽에서 황제의 칭호가 사용된 예들을 적고 있다. 또 블룬칠리의 원전은 더욱 명료하여 세계적인 권력을 보유하거나 여러 국민을 통치하는 국가만이 황제를 칭할 수 있다고 쓰고 있다.[291] 그리고 제86장은 황제를 칭하는 국가와 평등하기 위해서 황제를 칭할 필요가 없다는 내

289. 『公法會通』, pp.84~85; Bluntschli(1895), p.99.
290. 『고종실록』 하, p.4.
291. 『公法會通』, pp.85~86; Bluntschli(1895), p.99.

용이다.[292] 권재형은 이를 인용하면서 조선은 오랫동안 중국에 의존하였기 때문에 서양과 사정이 다르며 중국과 평등을 유지하기 위해서는 황제의 칭호가 필요하다는 논리를 펴고 있다. 권재형은 이들 인용문 이외에 다른 공법이 어떠한지 모르겠으나 공법에는 황제 칭호를 금지하는 문구는 없을 것이라고 결론짓고 있다.

1897년 9월 29일의 김재현 등의 상소문도 같은 취지였다. 이 상소문은 『공법회통』을 직접 거론하지 않고 "공법 책에 말하기를" 하고 간접 인용해 황제를 칭하는 국가와 평등하기 위하여 황제를 칭할 필요는 없다는 구절과 열강의 반대에도 불구하고 러시아 군주가 황제를 칭한 예, 두 가지를 들고 있다. 그런데 그 해석에 있어서는 권재형의 상소문을 그대로 답습하고 있다. 10월 1~3일 계속된 심순택 등의 상소문에는 "만국공법에 의하면 자주적인 국가는 그 뜻에 따라 황제를 칭할 수 있다"[293]라는 일반적인 문구를 사용하고 있다.

서양 공법의 내용을 보다 더 구체적으로 거론하게 된 계기는 을사보호조약의 체결이었다.

조약론

서양 공법의 논리에 입각해 을사보호조약의 무효를 주장한 대표적인 글은 1905년 11월 26일 시강원侍講院 시강侍講 박제황朴齊璜의 상소문이다. 박제황은 국가의 존망은 폐하가 공법에 의거하여 나라를 밝게 하느냐 그렇지 못하느냐에 달려 있다고 하면서 다음과 같이 『공법회통』[294]을 이끌고 있다.

292. 『고종실록』 하, p.4.

293. 『고종실록』 하, pp.7~8.

294. 박제황은 단지 '만국공법' 제 몇 장이라고 쓰고 있고, 11월 27일 최재학(崔在學)의 상소

강하고 횡포한 나라가 타국의 자주 자립의 권리를 침탈하는 경우를 만나면 각국은 응당히 모두 일어나 이를 구한다고 되어 있습니다.[295]

『공법회통』의 이 장은 세력 균형을 설명하는 부분이다. 특정한 국가가 다른 모든 국가들의 안전을 해칠 정도로 너무 강대해진다면 다른 국가들은 그 국가에 대항할 권리가 있다는 세력 균형의 기초 개념을 설명하고 있다. 박제황이 인용하듯 일국이 타국의 자주권을 침해할 수 없다는 일반적인 설명을 하고 있는 것이 아니다. 더욱이 이런 일반적인 명제 자체가 19세기 유럽 공법에서는 성립될 수 없는 것이다.

이어서 박제황은 『공법회통』 제405장, 제406장을 들고 있다.

제405장에 이르기를 조약을 의논하여 이루었고 서명을 하였다 하더라도 그 조약을 반드시 준행할 의무는 없으며 그 군왕의 비준을 반드시 기다려 준행해야 한다고 합니다. 또 조약이 아직 비준되지 않았을 경우 다른 제한이 없으면 그것을 폐기하느냐 성립시키느냐 하는 것은 모두 그 나라의 편리함에 따른다고 되어 있습니다. 제406장에는 만일 그 나라가 그후에 비준하지 않으면 그 조약은 곧 폐지廢紙가 된다고 되어 있습니다.[296]

주의해야 할 것은 제405장과 제406장은 전권全權이 없는 자가 체

는 '만국공법 조약 제 몇 장'이라고 말하고 있다(『고종실록』 하, p.406). 이런 표현 자체가 당시까지도 근대 국제법을 옳게 인식하고 있지 못한 증거이다.

295. 『고종실록』 하, p.404.

296. 『고종실록』 하, p.405.

결한 조약의 효력을 논하고 있는 것이었다.[297]

그러나 박제황이 인용한 제409장과 제415장은 을사보호조약의 무효를 주장할 수 있는 충분한 법적 근거이다. 박제황의 상소는 다시 이어진다.

> 제409장에 말하기를 비록 군주가 친필로 서명하였다 하더라도 (조약체결을 담당한) 자가 핍박을 받아 자유롭지 못하였다면 그 조약은 역시 폐지함이 마땅하다고 하였습니다. 제415장에 이르기를 약속한 일이 만일 국가가 망하는 것이나 나라를 압박하여 쇠퇴하여 떨치지 못하게 하는 것과 같다면 이를 폐기함이 가하다고 되어 있습니다.[298]

따라서 국제법의 견지에서 볼 때 을사보호조약은 강제된 이른바 늑약勒約으로 당연히 무효라는 것이다. 이 점은 이 조약의 무효를 주장하는 모든 상소문이 들고 있는 것이었다.

1905년 국권이 상실되자 서양 공법에 대하여는 두 가지의 큰 조류가 나타났다. 하나는 서구 국제법의 여러 측면을 널리 알리려는 경향과, 다른 하나는 서양 공법의 본질을 파헤치고 폭로하려는 경향이다.

공법의 허와 실

이용무李用戊(1888~1909)가 강술講述하여 국한문 혼용체로 1908년(?)에

297. 『公法會通』, pp.270~271; Bluntschli(1895), pp.239~240.
298. 『고종실록』 하, p.405. 마틴의 번역문과 블룬칠리 원문은 박제황이 이끈 인용문과 그 뉘앙스는 좀 다르나 대체의 뜻은 같다. 『公法會通』, p.273; Bluntschli(1895), p.241, 244.

발행한 『국제공법』을 먼저 지적할 수 있다.[299] 이 책은 그가 강의 교재로 사용한 것으로 추측되는데 20세 전후의 그가 이런 책을 펴냈다는 사실 자체가 놀라울 만한 일이다. 이 저서는 국제법이라는 제목으로 한국에서 발행된 최초의 업적이라고 볼 수 있다.

『국제공법』은 평시지부平時之部에 관한 설명에 국한되어 있어서 그는 계속 전시지부戰時之部 즉 전쟁법을 강술할 계획이었을 것으로 추측한다. 그러나 평시법에 국한된 『국제공법』도 245면에 달하는 분량이며 그 체제도 정통적인 국제법의 서술방식을 따르고 있다. 간략한 서론에 이어 모두 11장으로 구분되어 있다. ① 국제법 주체 ② 국가의 종류 ③ 국가의 승인 ④ 국가의 권리의무 계승 ⑤ 국가의 권리 ⑥ 국제법의 기관 ⑦ 국제단체의 기관 ⑧ 국제적 행정관아行政官衙 ⑨ 조약 ⑩ 간섭 ⑪ 국제쟁의國際爭議 등이 그것인데 여러 학자들의 견해는 물론 국제법의 사례들을 소개하고 있다. 그리고 그가 사용한 국제법 용어들도 매우 현대적인 것이다. 이용무는 이 저서를 편술하면서 몇몇 외국의 국제법 저서들을 준용準用하였을 것인데 이들을 찾아내야 할 것이다.

다음으로 유성준俞星濬(1860~1935)[300]이 1907년에 발행한 『법학통론』을 들 수 있다. 이 저서 제7장이 「국제법」(pp.372~477) 관계인데 국제법 주체, 연원, 국가의 권리, 조약, 국가의 전시戰時의 권리 등으로 나누어 설명하고 있다.

299. 이용무는 어려서부터 외국에서 수학(修學)한 바 있고 귀국하여서는 양정의숙(養正義塾)과 보성전문(普成專門)에서 강사를 지냈으나 당시 조선의 정치적 상황에 울분을 참지 못하여 요절(夭折)한 재사였다. 『황성신문』, 1909년 5월 9일자; 김효전(1996), p.510.

300. 유성준은 유길준의 친동생으로 여러 관직을 거쳤으나 만년에는 교육에 전념하였고 보성전문학교의 교장도 두 차례에 걸쳐 역임하였다. 유동준(1987), pp.257~260.

법관 양성소의 교관 석진형石鎭衡(1877~1946)이 1907년(?)에 『평시국제공법平時國際公法』을 발간하였다. 그는 이 책 서언緖言에서 국제법에 관한 세 가지 견해를 비판하고 있다. 첫째로 국제법은 대포 일문一門만 같지 않다는 견해, 현대 용어를 빌리면 국제법 무용론, 둘째로 국제법이 있어서 아무 일을 하지 않아도 다른 나라의 보호가 있다는 견해, 현대 용어를 빌리면 국제법 맹신론, 셋째로 국제법을 국내법과 같이 성문법으로 착각하는 견해, 세 가지를 비판하고 있다. 그러나 서양 공법의 국제정치적 본질을 파악할 단계에는 아직 이르지 못하였다. 그는 또 『소년 한반도』에 국제법에 관해 두 편의 글을 남긴 바 있다.

주정균朱定均[301]은 석진형 저서 자매편에 해당하는 『전시국제공법』을 1908년에 펴냈다. 그러나 주정균도 아직 외국의 교과서를 그대로 전달하는 수준에 머물고 있다. 국제법을 기독교 국가들의 법규범으로 정의하고 있을 정도이다.

이 밖에도 한광호韓光鎬는 1907년에 「영사의 재판권」과 「외국인의 공권 급 공법상公法上 의무」라는 두 편의 글을 『서우西友』에, 같은 해 남정훈南廷薰은 「국법상 국가와 국제 공법상 국가의 차이」를 『대한구락』에, 채기두蔡其斗는 1908년에 「평화적 전쟁」을 『대한학회월보』에, 그리고 1906~1910년에 발행된 『경향신문』 보감寶鑑란에는 '법률문답'이라는 항목이 있어 잡다한 국제법 지식을 전하고 있다. 그러나 이런 종류의 소개들은 매우 조심하여 접근해야 한다. 집필자들의 의도와는 관계없이 이런 글들은 조선의 국제법적인 지위를 현상유지하려는 결과를 초래할 수 있기 때문이다. 이런 의미에서 천강天江 안

301. 인적 사항에 관해서는 김효전(2006), pp.1097~1098.

국선安國善의 글(1906)도 조심해서 읽어야 한다. 1905년 을사보호조약도 지켜야 할 하나의 국제조약이라고 쓰고 있기 때문이다.[302]

국권을 상실한 당시의 상황에서 서양의 공법이란 과연 무엇인가? 그런 공법이 조선의 현실에 어떠한 도움이 될 수 있는가? 이런 고민을 되새기면서 글을 쓴 이로서 필자는 정교鄭喬(1856~1925)를 든다.[303] 그는 국제법적인 견지에서도 높이 평가되어야 한다고 생각한다.

정교가 언제부터 서양 공법에 관심을 갖게 되었는지는 확실하지 않다. 그의 『대한계년사』 1895년 8월 2일(음력 6월 12일) 기사에 다음과 같은 내용이 있다.

> 구라파 각국의 공법학자들이 조직한 만국공법회의는 전년 벨기에比利時 회의에 이어 장차 영국 대학교에서 열릴 것이라고 하는데 마관馬關 조약도 그 의제 중에 있다고 한다.[304]

이런 기사는 매우 특이한 것이고 청일전쟁을 마무리한 시모노세키 조약이 그 의제의 하나라고 하여 일본의 팽창정책이 유럽에서 비판의 대상이 되고 있음을 함축하고 있다. 정교가 서양 국제법에 대하여 관심을 보여 준 항목이다.

1897년 칭제건원과 관련하여 황제의 칭호가 당연함을 상소하는

302. 안국선에 관해서는 김학준(2000), 김효전(2006), p.653 참조. 안국선은 일본 외교관 나가오카 하루카즈(長岡春一)가 1901년에 발표한 『外交通義』를 1907년에 번역 출간한 바 있다.

303. 정교의 생애와 저술에 관해서는 김용구(1997a), p.282 참조.

304. 『대한계년사』 상, p.110. 유럽에서는 1873년에 두 개의 국제법단체가 결성되었다. 하나는 학자들이 중심이 된 국제법학회(Institut de droit international)이고, 다른 하나는 국제법협회(International Law Association)인데 정교가 말하는 회의는 그 어투로 보아 국제법학회 회의인 것 같다.

글에서 정교는 동양과 서양의 차이를 정확하게 인식하고 있었다.

> 혹자는 말하기를 유럽 각국에서는 황제와 군주의 위치가 거의 같은 것으로서 그 호칭을 바꿀 필요가 없다고 합니다. 이것은 동양과 서양 나라들의 위호位號와 습속을 몰라서 하는 말입니다. 생각하건대 저 서유럽에서는 글이 서로 같지 않고 그 황제의 호號와 군주의 칭稱은 모두 한자의 뜻에 따라 번역한 것입니다. 뜻은 비록 같다 하더라도 음은 다른 것입니다. 또한 어찌 우리 동아東亞의 아름다운 호칭을 버리고 저들 서유럽의 관습을 원용하겠습니까.[305]

그의 이런 투철한 현실인식이 서양 공법을 논하는 데에도 그대로 반영되었다. 그는 모든 관직을 떠난 1906~1907년 사이에 『소년한반도』에 세 차례에 걸쳐 귀중한 글을 게재하였다. 서두부터 서양 공법을 비판하고 있다.

> 나라가 있으면 법이 있는데 안으로는 백성을 다스리고 밖으로는 교린하여 법이 분리된다. 교린의 도와 회의 규정들은 서로 준수하는데 소위 공법이라는 것이 이를 말함이다. 이것이 유럽인으로부터 비롯되었다고 하여 혹자는 서유럽에는 공법이 있고 동아시아에는 이것이 없다고 생각하는데, 이것은 오로지 그 명名을 딴 것이지 그 실實을 따서 논한 것은 아니다. 나는 동아시아에는 공법이라는 명名은 없으되 공법의 실實을 실천한 것은 많으며, 서유럽에는 공법의 명名은 있으되 공법의 이理를 배신한 것이 많다. 그 명名은 있으되 그 이理를 배신한 것이 어찌

305. 『대한계년사』 상, p.161.

그 명名은 없으되 그 실實을 실천한 것과 같으랴.[306]

정교는 이어서 서양의 역사에 나타난 배신背信의 사례들을 열거하고 반면에 조선의 삼국 시대와 고대 중국에 있었던 교린의 예禮를 찬양하고 있다.[307] 세 번째의 글은 국가의 기본권에 관한 것이었다. 국가의 기본권인 자주권, 독립권, 평행권(평등권)은 결코 타국에 위탁하거나 통제를 받으면 안 된다는 점을 강조하고 있다.[308]

당시 상황에서 이 말이 무엇을 의미하는지는 명백한 일이다. 일본으로부터의 해방을 열변하고 있는 것이다. 정교는 계속 「국제법」의 항목을 집필할 계획이었던 것으로 추측되는데, 그가 이 연재물을 완료하지 못한 것이 끝내 아쉬움을 남게 한다.

공법의 허虛와 실實을 논하는 것은 과거의 상황만은 아니다. 그것은 구미 국제정치이론이나 방법론을 무비판적으로 수용하여 한반도의 문제들을 잣대질하려는 오늘날 우리의 국제정치학 현주소를 말해 주고 있다.

306. 『소년 한반도』 1호(1906년 11월), p.13.

307. 『소년 한반도』 1호(1906년 11월), pp.13~15; 2호(1906년 12월), pp.12~13.

308. 『소년 한반도』 3호(1907년 1월), pp.8~9.

| 결론 |

정교鄭喬가 갈파한 '공법의 허와 실'은 타자의 인식으로 자신의 역사적 위치를 해석하려는 '오지奧地 국제정치학'의 극복을 웅변적으로 제창한 것이었다. 21세기의 우리는 과연 19세기 정교의 문제의식을 해결하였는가? 그렇지 못하다는 데 오늘날 한국 국제정치학의 고민이 있다.

서유럽 세계가 세계사의 흐름에 충격을 주기 시작한 17~18세기와 세계사 흐름을 장악한 19세기는 근본적으로 다른 차원의 역사적 기간이었다. 18세기는 동서양의 문명권이 공존하였고 19세기는 서유럽 세계가 동양의 세계를 폭력으로 지배하였다는 점에서 시간tempo의 본질이 다르다.

지성사의 입장에서 18세기의 특징은 조선의 지식인들이 사대 질서 안과 밖의 문제를 세계적인 안목으로 인식하였다는 데 있다. 사대 질서 안의 문제는 정조正祖의 명으로 편찬한 『동문휘고同文彙考』 하나를 들면 충분하다. 정조는 즉위하자 대외 관련 문서를 관장하는 승문원承文院을 찾는다. 사대 문서들의 등본謄本이 정비되어 있지 않고 일실逸失된 문서들도 있음을 알게 되어 사대 문서뿐 아니라 교린 문서도 모두 정비한다는 방대한 계획을 세운다. 즉위한 지 8년이 되는 1784년의 일이다. 초편이 60책으로 완간된 1788년 현재 이런 문서집의 발간은 중국이나 일본에서도 찾아볼 수 없다.

사대 질서 밖의 대외 인식과 관련하여서도 북학의 거목 담헌湛軒 홍대용洪大容의 「의산문답毉山問答」이라는 한 편의 글만 열거하면 된다. 의산은 조선과 중국 접경 지역의 의무여산毉巫閭山을 가리킨다. 이곳에서 허자虛子와 실옹實翁의 가상 문답이 이루어진다. 허자는 허례허식에 물든 부패한 유생을, 그리고 실옹은 홍대용 자신과 같이 실학사상을 지닌 인물을 말한다. 그는 이 문답에서 지전설地轉說과 지원설地圓說에 입각하여 화이사상華夷思想을 그 근저로부터 부정해 "중국과 오랑캐는 하나이다(華夷一也)"라는 근대적인 세계인식에 도달하였다. 천하의 본질을 파악하고 조선의 학문이 지닌 주변성을 탈피하려는 노력은 이 글에서 그 절정을 이룬다.

19세기는 서유럽의 폭력 문명이 세계를 지배하는 역사적 시대이다. 폭력은 물리적인 힘만을 의미하는 것은 아니다. 자신의 사고방식과 이익을 최고의 가치로 간주하고 다른 사고방식과 이익을 자신에게 종속시키려는 정신구조를 말한다. 따라서 19세기는 중심과 주변이 형성되어 비유럽의 세계는 정신적으로 세계정치의 주변성을 강요받게 된다.

세계의 주변 지역들이 주변성을 극복하려면 크게 보아 다음 네 단계를 거치면서 진행된다. 주변이 중심의 이론을 제대로 수용하지 못하는 단계, 수용은 하되 그 학문의 정치적 성격을 파악하지 못하는 단계, 중심의 이론과 그 사상의 배경을 이해는 하되 다른 주변들의 중심에 대한 지적 저항을 이해하지 못하는 단계, 그리고 이런 문제들을 모두 검토하고 국제 정치 구조 속에서 주변의 고유한 국제정치적인 삶을 영위할 수 있는 방향을 제시할 수 있는 단계가 그것들이다. 한반도는 주변인 오지에 속하여 주변성 탈피의 초기 단계에 머물었다는 것이 19세기의 고민이었다.

20세기에 접어들면서 국권을 상실하였다는 것이 한국 국제정치학 발전에 치명적이었음은 말할 필요도 없다. 국제사회의 행위자 역할을 상실한 자의 입장에서는 행위자들의 규범은 수용의 대상이 아니라 타파의 표적일 뿐이다. 더 나아가 20세기의 특징은 유럽의 몰락, 공산주의의 대두, 강대국 미국의 등장, 비유럽 지역 지배의 민주 방식에 의한 가식假飾, 그리고 주권 복귀reversion to sovereignty 명분의 철저한 배격에 있다. 따라서 20세기는 세계의 모든 정치적 문제가 중심 세력에 의해 좌우되고 세계 정치 중심 지역은 평화가 구가되지만 주변은 중심의 각축장이 되어 분쟁의 지역이 되었다.

한반도가 냉전 시대에 접어들면서 세계정치의 변경 지역에 속하게 되었다는 사실 자체가 만국공법 · 국제법 · 국제정치 발전에 치명적이었다. 따라서 오늘날의 정치학이나 국제정치학이 19세기부터 형성된 대외 인식의 역사적 질병을 과연 치유하였는지 자성해야 한다. 이제 우리는 18세기 북학의 학문적인 유산을 이어받는 전통을 창조해야 한다. 창조inventio는 무에서 유를 만들어 내는 일이 아니다. 과거의 역사적 경험을 오늘의 역사적 현실에 비추어 세계

학계가 인정하는 개념과 담론 위에서 다시 해석하는 지적 작업이다. 만국공법 연구는 전통의 창조를 위한 하나의 학문적 시도일 뿐이다.

| 문헌목록 |

■ 사료*

1. 조선

1) 공문서

『承政院日記』, 高宗朝, 15책, 국사편찬위원회, 1967~1968.

『日省錄』, 高宗朝, 제65~84책, 서울대학교 규장각, 1995~1996.

『高宗實錄』, 高宗朝, 3책, 探究堂, 1970.

『備邊司謄錄』, 高宗朝, 제36~37책, 국사편찬위원회, 1960.

『同文彙考』, 4책, 국사편찬위원회, 1978.

『舊韓國外交文書』, 24책, 고려대학교 아세아문제연구소, 1966~1970.

『龍湖閒錄』, 4책, 국사편찬위원회, 1979, 1980.

『政治日記』, 16책, 1865. 11~1884. 9, 규장각 소장.

『統署日記』, 『舊韓國外交關係附屬文書』 제3권, 1972.

『增正交隣志』, 金健瑞, 1796~1802.

『通文館志』, 金指南 편, 제12권 6책, 1888.

『倭使問答』, 議政府, 3책, 1876. 1~1879. 7.

『倭使日記』, 議政府, 14책, 1875. 12~1880. 12.

2) 개인 자료

金綺秀, 「日東記游」, 국사편찬위원회 편, 『修信使記錄』, 1971, pp.1~112.

金玉均, 『金玉均全集』, 아세아문화사, 1979. 여기 수록된 「갑신일록」 판본에 관해서는 김용구(2004), pp.152~155를 참조.

* 중국과 일본의 사료에 관해서는 김용구(1997), pp.294~296.

金允植, 『陰晴史』, 국사편찬위원회, 1958.
______, 『續陰晴史』, 2책, 국사편찬위원회, 1960.
______, 『雲養集』, 제16권 8책, 1913.
______, 『金允植全集』, 2책, 아세아문화사, 1980.
金弘集, 『以政學齋日錄』, 2책, 1884.
______, 『金總理遺稿』, 고려대학교, 1976.
______, 「修信使日記」, 국사편찬위원회 편, 『修信使記錄』, 1971, pp.113~194.
朴珪壽, 『朴珪壽全集』, 2책, 아세아문화사, 1978.
朴泳孝, 「使和記略」, 국사편찬위원회 편, 『修信使記錄』, 1971, pp.195~267.
______, 「建白書」, 『日本外交文書』 21책, pp.292~311.
申櫶, 『沁行日記』, 국립중앙도서관 소장.
魚允中, 『從政年表』, 국사편찬위원회, 1971.
______, 『魚允中全集』, 아세아문화사, 1979.
俞吉濬, 『俞吉濬全書』, 5책, 일조각, 1971.
李晚孫 외, 「嶺南萬人疏」, 趙一文 역주, 『朝鮮策略』, 건국대학교출판부, 1988, pp.89~105.
李裕元, 『嘉梧藁略』, 13책.
鄭喬, 『大韓季年史』, 2책, 국사편찬위원회, 1971.
『漢城旬報』, 『漢城周報』, 博文局, 寬勳클럽信永研究基金, 원문과 번역문, 3책, 1983.
黃玹, 『梅泉野錄』, 국사편찬위원회, 1955.

2. 중국

1) 공문서

『明史』, 清, 張廷玉撰, 1735; 故宮博物院 影印本, 1932; 中華書局, 傍點, 北京, 1974; 景仁文化社 影印, 3책, 서울.

『明實錄類纂: 涉外史料』, 李國祥 主編, 武漢出版社, 1991.

『清史稿』, 民國, 趙爾巽撰, 1928(未定稿); 中華書局, 傍點, 48冊, 北京.

『籌辦夷務始末』, 道光朝(文慶編, 1856), 咸豊朝(賈禎編, 1867), 同治朝(寶鋆編, 1880), 故宮博物院, 1929~1930; 道光, 咸豊朝는 中華書局이 방점을 붙여 발간, 1964, 1979; 國風出版社 影印, 7冊, 臺灣, 1963.

『清光緒朝中日交涉史料』, 故宮博物院 文獻館編, 1932, 2冊, 文海出版社, 臺灣, 1963.

『清季外交史料』, 王彦威輯, 王亮編, 1931~1934, 9冊, 文海出版社, 臺灣, 1964.

『清季中日韓關係史料』, 中央研究院近代史研究所, 11冊, 臺灣, 1972.

『明會典』, 萬曆本(1587), 中華書局, 傍點, 北京, 1989.

『大明集禮』, 1370. 1530년 증보.

『清會典』, 康熙會典(1690), 雍正會典(1732), 乾隆會典(1764), 嘉慶會典(1818), 光緒會典(1899), 中華書局, 傍點, 影印, 北京, 1991.

『清會典事例』, 각 회전 편찬 시 會典事例도 편찬. 中華書局이 방점을 붙여 1991년 12冊 발간.

2) 개인 자료

康有爲, 『大同書』, 『民國叢書』, 第三編, 7, 1935, pp.1~453에 수록.

郭嵩燾, 『養知書屋文集』, 1892.

______, 『倫敦與巴黎日記』, 岳麓書社出版, 長沙, 1984.

馬建忠, 『適可齋記言記行』, 1896; 沈雲龍編, 『近代中國史料總刊』 第16輯 所收.

______, 『適可齋記言』, 中華書局, 傍點, 北京, 1960.

『徐繼畬集』, 4冊.

薛福成, 『庸盦全集』은 ① 『庸盦文編』, 1887 ② 『庸盦文續編』, 1888 ③ 『庸盦文外編』, 1893 ④ 『庸盦海外文編』, 1895 ⑤ 『籌洋芻議』, 1884 ⑥ 『浙東籌防錄』, 1887 ⑦ 『出使奏疏』, 1897 ⑧ 『出使公牘』, 1898 ⑨ 『出使英法義比四國日記』, 1892; Helen Hsieh Chien tran.(1993), *The European Diary of Hsieh Fucheng*, St. Martin's Press, N.Y. ⑩ 『出使日記續刻』,

1898 등으로 구성되어 있음. 리홍장 막료 시절의 문서는 『庸盦文別集』, 1903이 있는데 施宣圓 등이 방점을 붙여 발간(上海, 古籍出版社, 1985)한 것이 있음.

魏源, 『海國圖誌』, 50卷, 1842; 60卷, 1847; 100卷, 1852.

李鴻章, 『李文忠公全集』, 吳汝綸 編, 160卷, 1905. 이 전집을 洋裝本 7冊으로 文海出版社(臺灣)에서 1962년 복간. 이 출판사에서 1980년 다시 『李文忠公(鴻章)全集』이란 제목으로 복간(沈雲龍 主編, 近代中國史料叢刊續編, 第70輯). 그리고 1997년에는 海南出版社(臺灣)에서 『李鴻章全集』 9冊을 발간. 1~8冊은 1905년 版을 그대로 영인한 것이고, 9冊은 李鴻章의 嫡孫인 李國杰이 편집한 『合肥李氏三世遺集』 중 『文忠公遺集』을 영인한 것임. 이들 출판물이 같은 제목을 달고 있어서 독자들에게 혼란을 자아내고 있음. 臺灣에서 나온 이들 전집류는 1905년의 吳汝綸 版을 그대로 영인한 것임. 上海에서 출간될 예정인 다음의 전집이 중요하다.

______, 『李鴻章全集』, 顧廷龍, 叶業廉 主編, 上海人民出版社, 1985~, 5冊, 未完.

______, 『李鴻章全書』, 3冊, 吉林, 1999.

______, 『李鴻章全書』, 國家淸史編纂委員會, 39冊, 安徽省, 2008. 이 자료의 사료적 가치에 관해서는 김용구, 『거문도의 블라디보스토크』를 참조.

張謇, 『張季子九錄』, 80卷, 北京, 1931; 張怡祖 編, 7冊, 臺北, 1965.

______, 『九錄錄』, 臺北, 1964.

______, 『張季直傳記』, 張怡祖 編, 臺北, 1965.

______, 『張謇全集』, 7冊, 南通, 1994.

夏東元, 『鄭觀應集』, 2冊, 上海人民出版社, 1982, 1988.

3. 일본

1) 공문서

『日本外交文書』, 明治年間, 73冊, 1933~1963.

『善隣始末』, 日本 外務省, 11冊.

『韓日外交未刊極秘史料叢書』, 50冊, 金容九 編, 아세아문화사, 서울, 1995~1996.

2) 개인 자료 기타

福澤諭吉,『福澤諭吉全集』, 慶應義塾編, 21卷, 1958~1964.

奧村圓心,『朝鮮布教日誌』, 眞宗史料集成, 제11卷, 1975; 趙東杰 역, 서울, 1985.

井上角五郎先生傳記編纂會,『井上角五郎先生傳』, 東京, 1943.

本願寺大谷派 朝鮮開教監督部編,『朝鮮開教五十年誌』, 文榮堂, 東京, 1927.

明治編年史編纂會,『新聞集成 明治編年史』, 15冊, 東京, 1934.

『資料 新聞社說二見ル朝鮮』, 6冊, 北原マス子 外, 東京, 1995.

『資料 雜誌にみる近代日本の朝鮮認識』, 15冊, 東京, 1999.

4. 마틴(W. A. P. Martin, 丁韙良)

다음은 국제법에 관한 글들을 열거한 것임. 마틴의 자세한 업적 목록은 김용구(2002a), pp.141~145; Farquhar(1956); Covell(1978) pp.281~291 참조.

① 1864

『萬國公法』, 京都〔北京을 지칭〕(아세아문화사, 서울, 1981 초판본이 아님).

"Peking News," *New York Times*, January 8.

② 1865

"Notes of Interviews," *Diplomatic Correspondences Relating to the Foreign Relations of the United States*, 1865, Part 2, pp.445~449. 1865년 2월 말, 3월 초 중국 총서 대신들과 벌린게임 공사의 회의에 관한 마틴의 기록.

③ 1872

"Terms Used in Diplomatic and Official Intercourse," Justus Doolittle ed., *Vocabulary and Handbook of the Chinese Language*, 2, pp.194~201.

④ 1876

『星軺指掌』, 北京.

⑤ 1877

『公法便覽』, 北京; 아세아문화사, 서울, 1981.

⑥ 1880

『公法會通』, 北京; 아세아문화사, 서울, 1981.

"Diplomacy in Ancient China," Peking Oriental Society에서 발표한 논문임. *Hanlin Papers*에 게재됨. Martin(1901), pp.450~472에 수정 게재됨.

⑦ 1881

"Traces of International Law in Ancient China. Condensed Outline of a Paper read before the Congress of Orientalists in Berlin, 13, September 1881," *International Congress of Orientalists*, Berlin, Vol.3, pp.71~78. 마틴의 발표와 요약문은 상당한 반향을 불렀고 전문 발표를 요구받게 되었다. 마틴은 다음과 같이 전문 발표와 더불어 고대 중국 국제법에 관해 보완하고 중국어로도 발표하였다.

ⓐ "Les vestiges d'un droit international dans l'ancienne Chine," *Revue de Droit International et Législation Comparée*, Vol.14, Juillet, 1882, pp.227~243.

ⓑ "Traces of International Law in Ancient China," *International Review*, Vol.14, 1883, pp.63~77; *Chinese Recorder*, Vol.14, 1883, pp.380~393; *Hanlin Papers or Essays on the Intellectual Life of the Chinese*, 2nd Series, 1894, ch.5(마틴의 이 논문 모음은 1880년에 제1집, 1894년에 제2집이 나왔음); Martin(1901), ch.22.

ⓒ 「中國古世公法」, 『西政叢書』, 7冊, 1897. 汪鳳藻가 1884년 한역한 것임.

⑧ 1883

『陸地戰新選』. 1864년 국제법 학자들이 브뤼셀에서 결의한 문헌을 유럽국제법협회(Institut de Droit International)가 1880년에 *Manuel des lois et coutumes de la guerre*란 제목으로 발표한 소책자임. 마틴은 1882년 스위스를 여행할 때 이를 구해 번역했음. 『西政叢書』 7冊(1897)에도 수

록되어 있음.

『西學考畧』, 北京.

⑨ 1886

"La Chine et le droit international," *Revue de Droit International et Législation Comparée*, p.168. 마틴이 G. M. Moynier에게 보낸 서한.

⑩ 1897

A Cycle of Cathay or China South and North with Personal Reminiscences, N.Y., 제3판, 1900.

⑪ 1901

The Lore of Cathay or The Intellect of China, N.Y., 제3판, 1912.

⑫ 1902

『公法新編』, 北京.

5. 기타

British Documents of Foreign Affairs, Part I Series E Vol.1; *Japan and North-East Asia, 1860～1878*; Vol.2; *Korea, Ryukyu Island, and North-East Asia, 1875～1888*, University Publication of America, 1989.

Anglo-American Diplomatic Materials Relating to Korea, 1866～1886, Park Il-Keun〔朴日根〕 편, Shinmundang〔新文堂〕, Seoul, 1982.

Satow Papers. PRO, 30/33, c. 1856～1927, 23 boxes. PRO, 30/33/15/6, Satow Diary.

萩原延壽,『遠い崖: アーネスト サトウ日記抄』, 14冊, 東京, 1998～2001.

Foreign Relations of the United States, 1866～1885.

American Diplomatic and Public Papers; The United States and China, Series II, *The United States, China, and Imperial Rivalries, 1861～1893*, Vol.9-11, Davids, Jules, ed. 3 vols., Wilmington, 1979.

■ 연구자료

1) 국문

金容九(1993), 「서양국제법이론의 조선전래에 관한 소고(1)」, 『泰東古典研究』(翰林大學校 附設 泰東古典研究所) 10輯, pp.499~522.

_____(1994), 『러시아 국제법』, 서울대학교 출판부.

_____(1996), 『러시아 國際法學의 傳統』, 서울.

_____(1997a), 『세계관 충돌의 국제정치학』, 서울.

_____(1997b), 「중국 학계의 국제법 연구 동향」, 『논문집』(서울대학교 국제문제연구소) 21호, pp.1~54.

_____(1999), 「조선에 있어서 만국공법의 수용과 적용」, 『논문집』(서울대학교 국제문제연구소) 23호, pp.1~25; 「朝鮮における萬國公法の受用と適用」, 『東アジア近代史』(日本 東アジア近代史學會) 第2號, pp.27~44.

_____(2001a), 『세계관 충돌과 한국외교사, 1866~1882』, 서울.

_____(2001b), *The Five Years' Crisis, 1866~1871. Korea in the Maelstrom of Western Imperialism*, Publisher CIRCLE, 2001.

_____(2002a), 『외교사란 무엇인가』, 인천.

_____(2002b), 「國際法의 朝鮮 傳來에 관한 몇 가지 問題들」, 柳原正治, 『開港期 韓國における不平等條約の實態と朝鮮: 大韓帝國の對應』, pp.14~24.

_____(2004), 『임오군란과 갑신정변: 사대질서의 변형과 한국 외교사』, 인천.

_____(2006a), 『세계외교사』, 서울대학교출판부, 2006.

_____(2006b), *Korea and Japan. The Clash of Worldviews*, 1868~1876, Publisher CIRCLE, 2006.

_____(2006c), 「제자, 스승에게 길을 묻다」, 『조선일보』, 2004년 8월 31일; 『제자, 스승에게 길을 묻다』, 서울, 2006, pp.278~295.

_____(2006d), 「동(東)과 서(西)의 갈등: 우리는 어디에 서 있는가?」, 『지식의 지평』 창간호, pp.11~27.

金學俊(2000), 『한말의 서양 정치학 수용 연구』, 서울.

金翰奎(1982), 『古代中國的世界秩序研究』, 서울.

______(2005), 『天下國家. 전통시대 동아시아 세계질서』, 서울.

金孝全(2000), 『근대 한국의 국가사상』, 서울.

______(2006), 『근대 한국의 법제와 법학』, 부산.

南廷薰(1907), 「國法上 國家와 國際公法上 國家의 差異」, 『大韓俱樂』 2호, pp.11~13.

朴晶東 譯, 金雨均 閱(1907), 『國際公法志』, 서울. 원전 미상. 원전은 기독교 국제법 이론에 입각한 전형적인 유럽의 교과서임.

法律讀書人(1908), 「國際公法의 性質」, 『大東學會月報』 4號, pp.15~23.

북한 사회과학연구원 역사연구소(1964), 『김옥균』, 사회과학원출판사, 평양; 日本朝鮮研究所譯編(1968), 『金玉均の研究』, 東京.

石鎮衡(1907?), 『平時國際公法』.

______(1907), 「埃及國의 混合裁判制度」, 『少年韓半島』 4호, pp.12~13.

______(1907), 「國際公法에 대한 世人의 誤解 及 研究의 必要」, 『少年韓半島』 6호, pp.7~9

______(1907), 「平時國際公法」, 『大韓自强會月報』 12호, pp.46~49.

______(1907), 「平時國際公法」(續), 『大韓自强會月報』 13호.

申福龍 편(1987), 『데니文書. 묄렌도르프文書』, 서울.

安國善(1906), "日本行爲에 대한 國際法 解釋," 『大韓每日申報』, 11월 10일, 제361호.

兪東濬(1907), 『兪吉濬傳』.

兪星濬(1907), 『法學通論』, 제7장 「國際法」.

柳永益(1990), 『甲午更長研究』, 서울.

李光麟(1973), 「開化僧 李東仁」, 『開化黨研究』, 서울, pp.93~112.

______(1979), 「兪吉濬의 開化思想 "西遊見聞"을 중심으로」, 『韓國開化思想研究』, 서울, pp.45~92.

______(1981), 「'易言'과 韓國의 開化思想」, 『韓國開化史研究』, 서울, pp.19~30.

______(1982), 「韓國에 있어서의 萬國公法의 受容과 그 影響」, 『東亞研究』 第1輯, pp.121~145.

______(1989), 「兪吉濬의 英文書翰」, 『開化派와 開化思想 研究』, 서울, pp.214~240.
______(1992), 『유길준』, 서울.
______(1993a), 「春皐 朴泳孝」, 『開化期의 人物』, 서울, pp.93~163.
______(1993b), 「松村 池錫永」, 위의 책, pp.165~201.
李範星(1909), 「國際公法의 訴訟節次」, 『畿湖興學會月報』 7호, pp.26~27.
李承瑾(1907), 「國際公法論」, 『大韓留學生會學報』 2호, pp.52~57.
______(1907), 「國際公法論」(續), 『大韓留學生會學報』 3호, pp.25~32.
李用茂(1908?), 『國際公法』, 서울.
李春植(1969), 「左傳中에 보이는 事大의 意味」, 『史叢』 第14輯.
______(1970), 「朝貢의 起源과 意味」, 『中國學報』 第10輯.
______(1997), 『사대주의』, 서울.
李用熙(1964), 「巨文島占領外交綜考」, 『想白李相伯博士回甲紀念論叢』, pp.459~499.
______(1972), 「대담; 事大主義」, 『知性』 2월호, pp.20~37.
______(1973), 「東仁僧의 行蹟(上) 金玉均派 開化黨의 形成에 沿하여」, 『論文集』(서울大學校 文理科大學 國際問題研究所) 創刊號, pp.7~47.
鄭喬(1906), 「國際法」, 『少年韓半島』 1호, pp.13~15.
______(1906), 「國際法」, 『少年韓半島』 2호, pp.12~13.
______(1907), 「國際法」, 『少年韓半島』 3호, pp.8~9.
趙東杰(1985), 「奧村의 "朝鮮布教日誌"」, 『한국학논총』, pp.247~313.
朱定均(1908), 『戰時國際公法』, 서울.
蔡其斗(1908), 「平和的 戰爭」, 『大韓學會月報』 5월호.
蔡洙玹(1907), 「國法上 國務大臣의 地位」, 『西友』 9호, pp.18~21.
韓光鎬(1907), 「領事의 裁判權」, 『西友』 7호, pp.17~19.
______(1907), 「外國人의 公權 及 公法上 義務」, 『西友』 10호, pp.14~24.
寒泉子(1908), 「治外法權」, 『大東學會月報』 第7號, pp.29~32.

2) 중문

徐傳保(1931),『先秦國際法之遺跡』, 中國科學公司.

邵津(1989),「國際公法學」, 張友漁 主編,『中國法學四十年』, 上海, pp.540~573.

孫子和(1976),『淸代同文館之研究』, 臺灣.

王維儉(1985),「林則徐飜譯西方國際法著作考略」,『中山大學學報』第1期.

李恩涵(1966),『曾紀澤的外交』, 臺灣.

張心澂(1924),『春秋國際公法』, 北京.

程鵬(1989),「西方國際法首次傳入中國問題的探討」,『北京大學學報』第5期, pp.105~113.

眺岳(1959),「對于資産階級國際法的初步批判」,『國際問題研究』第3期, pp.1~9.

曾永玲(1989),『郭嵩燾大傳』, 遼寧.

鐘叔河(1984),「敍論; 論郭嵩燾」, 鐘叔河 主編,『郭嵩燾 倫敦與巴黎日記』, 長沙, pp.1~58.

周居生(1963),『現代英美國際法的思想傾向』, 北京; *Chinese Law and Government*, III-1, Spring, 1970, pp.20~94에 영역 게재.

朱力如(1957), "駁陳體强關于國際法的謬論,"『人民日報』, 9月 18日.

周子亞(1957),「討論國際法的階級性和體系問題〔學術動態〕」,『法學』3期, p.27.

陳顧遠(1931),『中國國際法溯源』, 臺灣.

夏東元(1981),『鄭觀應傳』, 上海, 재판 1985.

______(1982),『鄭觀應集』, 上冊, 上海.

______(1988),『鄭觀應集』, 下冊, 上海.

胡漢民(1907~1910),「排外與國際法」,『民報』第4~7號.

洪鈞培(1937),『春秋國際公法』, 臺灣.

宦鄕(1986),「五年來中國的國際法研究工作和今後的方向」,『國際法年刊』, pp.311~315.

黃枝達(1992),『亞洲的華夏秩序: 中國與亞洲國家關係形態論』, 北京.

3) 일문

加藤周一, 丸山眞男 編(1991),『飜譯の思想』, 東京.

堀敏一(1993),『中國ト古代東アジア世界』, 東京.

吉田金一(1981),「ネルチンスクにおける露淸講和會議の經過について」,『論集: 近代中國硏究』, pp.555~558.

______(1984),『ロシアの東方進出とネルチンスク條約』, 東京.

大槻文彦編(1981),「箕作麟祥君傳」, 加藤周一, 丸山眞男 編,『飜譯の思想』, 東京, pp.303~315.

渡邊信一郎(2003),『中國近代の王權と天下秩序』, 東京.

山邊健太郎(1960),「甲申日錄の硏究」,『朝鮮學報』第17輯.

______(1970),『日本の韓國併合』, 東京.

山田統(1949),「天下という觀念と國家の形成」,『山田統著作集』, 第一卷所收, 東京.

西嶋定生(1973),『秦漢帝國―中國古代帝國の興亡』, 東京.

______(1985),『日本歷史の國際環境』, 東京.

小野川秀美(1969),『淸末政治思想硏究』, 東京.

小倉芳彦(1987),『中國古代政治思想硏究』, 東京.

松隈淸(1992),『國際法史の群像』, 東京.

市古宙三(1971),「鄭觀應の '易言' について」, 市古宙三,『近代中國の政治と社會』, 東京, pp.262~270.

安部健夫(1956),「中國人の天下觀念」,『元代史の硏究』, 東京, pp.425~526.

原田環(1981),「朝 · 中 <兩截體制>成立前史 李裕元と李鴻章の書簡を通して」, 飯沼二郞, 姜在彦 編,『近代朝鮮の社會と思想』, 東京, pp.67~98.

______(1997),『朝鮮の開國と近代化』, 廣島, 1997.

入江啓四郞(1966),『中國古典ト國際法』, 東京.

______(1974),「古典的平和論ト戰爭法」,『早稻田法學』, 50 /1, 2, pp.1~81.

張嘉寧(1991a),「『萬國公法』成立事情と飜譯問題: その中國語譯と和譯をめぐって」, 加藤周一, 丸山眞男 編 ,『飜譯の思想』, 東京, pp.381~401.

______(1991b),「文獻解題. 萬國公法」, 위의 책, pp.402~405.

田崎仁義(1926),『王道天下之研究: 支那古代政治思想及制度』, 東京.

田保橋潔(1940),『近代日鮮關係の研究』 2冊, 서울, 1940.

田中彰 編(1991),『開國』, 東京, 1991

井上勝生(1991a),「校注 萬國公法」, 田中彰 編,『開國』, 東京, pp.38～85.

_____(1991b),「文獻解題 萬國公法」, 위의 책, pp.474～481.

佐藤愼一(1977),「"文明と萬國公法": 近代中國における國際法受容の一側面」, 祖川武夫 編,『國際政治思想と對外認識』, 東京, pp.183～300.

_____(1983),「鄭觀應について(一)」,『法學』(東北大學法學會), 47/4, pp.56～107.

_____(1984), 上同(二), 48/4, pp.31～76.

_____(1985), 上同(二), 49/2, pp.35～89.

青木功一(1969),「朝鮮開化思想と福澤諭吉の著作」,『朝鮮學報』 第52輯, pp.35～92.

_____(1976),「朴泳孝の民本主義, 新民論, 民族革命論(1)」,『朝鮮學報』 第80輯, pp.87～164.

_____(1977),「朴泳孝の民本主義, 新民論, 民族革命論(2)」,『朝鮮學報』 第82輯, pp.161～223.

彭澤周(1976),『中國の近代化と明治維新』, 京都.

坂野正高(1974),『近代中國政治外交史』, 東京.

_____(1985),『中國近代化と馬建忠』, 東京.

河西直也(1984),「Grotiusにおける戰爭と諸國民の法」,『國際法外交雜誌』, 4月, 83/1, pp.31～63.

4) 구미문

Adshead, S. A. M.(2004), *T'ang China: The Rise of the East in World History.*

Aleksandrowicz, Charles H.(1961a), "Treaty and Diplomatic Relations between European and South Asian Powers in the 17th and 18th Centuries," *Recueil des Cours,* pp.207～320.

_____(1961b), "Doctrinal Aspects of the Universality of the Law of

Nations," *British Yearbook of International Law*, pp.506~515.

______(1963), "Paulus Vladimiri and the Development of the Doctrine of Coexistence of Christian and Non-Christian Countries," *ibid*, pp.441~448.

______(1968), "The Afro-Asian World and the Law of Nations," *Recueil des Cours*, Vol.1, pp.121~213.

______(1968/9), "Pufendorff-Crull and the Afro-Asian World," *British Yearbook of International Law*, pp.205~208.

Alleton, Viviane(2001), "Chinese Terminologies: On Preconceptions," Michael Lackner et als, eds, *New Terms for New Ideas. Western Knowledge and Lexical Change in Late Imperial China*, Leiden, pp.15~34.

Barcia Trelles, Camilo(1927), "Francisco de Vitoria et l'école moderne du droit international," *Recueil des Cours*, tom 17, pp.113~342.

______(1933), "Francisco Suarez," ibid, tom 43, pp.385~553.

Bedjaoui, Mohammed(1979), *Towards a New International Economic Order*, Paris, N.Y., London.

Bentley, Jerry H., *Old World Encounters. Cross-Cultural Contacts and Exchanges in Pre-Modern Times*.

Bitterli, Urs(1989), *Cultures in Conflict*.

Bluntschli, Johann Caspar(1868), *Das moderne Völkerrecht*, 판본에 관해서는 본문 참조.

Britton, Roswell(1935), "Chinese Interstate Intercourse before 700 B.C.," *American Journal of International Law*, 29, pp.616~635.

Bull, Hedley(1966), "The Grotian Conception of International Society," Bull et als eds., *Diplomatic Investigations*, London, pp.51~73.

______, et als eds.(1990), *Hugo Grotius and International Relations*, London.

______, et als eds.(1984), *Expansion of International Society*, Oxford.

Chang Hsi-t'ung 張錫彤(1950), "The Earliest Phase of the Introduction of Western Political Science into China," *Yenching Journal of Social Science*, No.5, pp.1～29.

Chang, T. F. 蔣廷黻(1931), "Bismarck and the Introduction of International Law into China," *The Chinese Social and Political Science Review*, 15/4, pp.98～101.

Chen Shihtsai(1941), "The Equality of States in Ancient China," *American Journal of International Law*, 35, pp.641～650.

Cheng Tehsu(1927), "International Law in Early China," *The Chinese Social and Political Sciences Review*, XI.

Chiu, Hungdah 丘宏達(1968), "The Development of Chinese International Law Terms and the Problem of Their Translation into English," *The Journal of Asian Studies*, XXVII/3, pp.485～501.

Covell, Ralph(1978), *W. A. P. Martin. Pioneer of Progress in China*, Washington, D.C..

Dennett, Tyler(1924), "American Choices in the Far East," *American Historical Review*, Vol. XXX, Oct.

Dudden, Alexis(2005), *Japan's Colonization of Korea. Discourse and Power*, Hawaii.

Duus, Peter(1966), "Science and Salvation in China; The Life and Work of W. A. P. Martin," in Liu, Kwang Ching ed., *American Missionaries in China*, Mass., pp.11～41.

Ehrlich, Ludwik(1962), "The Development of International Law as a Science," *Recueil des Cours*, tom 105, pp.177～259.

Fairbank, John & Têng, S. Y.(1960), "On the Ch'ing Tributary System," *Ch'ing Administration: Three Studies*(Cambridge Mass.), pp.107～246.

Fairbank, John K, ed.(1968), *The Chinese World Order. Traditional China's Foreign Relations*, Mass., 1968.

Fang Weigui 方維規(2001), "*Yi, Yang, Xi, Wai* and Other Terms: The Transition from 'Barbarian' to 'Foreigner' in Late Imperial China," Michael

Lackner et als, eds, *New Terms for New Ideas. Western Knowledge and Lexical Change in Late Imperial China*, Leiden, pp.95~123.

Farquhar, Norma(1956), *A Bibliography of the Writings of W. A. P. Martin. Papers on China*, Vol.10, Cambridge, Mass..

Fories, Paul(1987), "L'organization de la paix chez Grotius," Truyol Serra et als, *Vitoria et Grotius*, Paris, pp.275~376.

G. R-J(1869), "Bluntschli," *Revue de droit international et législation comparée*, tom 1, pp.291~294.

Gong, Gerrit W(1984), *The Standard of 'Civilization' in International Society*, London.

Goyau, Georges(1925), "L'église catholique et le droit des gens," *Recueil des Cours*, tom 22, pp.125~236.

______(1929), "La condition internationale des missions catholiques," *Recueil des Cours*, tom 26, pp.77~206.

Gravar, Vladimir(1958), *Materialy kistorii literatury mezhdunarodnogo pravav Rossii, 1647~1917*(1647~1917 러시아 국제법 문헌사 자료). W. Butler trans., *The History of International Law in Russia, 1647~1917*, Oxford, 1990.

Grotius, Hugo(1925), *De jure belli ac pacis*, F. W. Kelsey trans., *The Classics of International Law*, London.

Gulick, Edward V.(1973), *Peter Parker and the Opening of China, Cambridge, Mass.*.

Haggenmacher, Peter(1983), *Grotius et la doctrine de la guerre juste*, Paris.

______(1988), "La place de Francisco de Vitoria parmi les fondateurs du droit international," Antonio Truyol Serra et als, eds., *Actualité de la pensée juridique de Francisco de Vitoria*, Bruxelles, pp.27~80.

Hall, Edward(1880), *A Treatise of International Law*, London. 판본에 관해서는 본문 참조.

Hao, Yen-p'ing & Wang, Erh-min(1980), "Changing Chinese Views of

Western Relations, 1840~1895," *The Cambridge History of China*, Vol.11, pp.142~201.

Hevia, James L.(1995), *Cherishing Men From Afar. Qing Guest Ritual and the Macartney Embassy of 1793*, Duke University Press.

Higgins, A. Pearce(1932), "La contribution de quatre grands juristes britanniques au droit international(Lorimer, Westlake, Hall et Holland)," *Recueil des Cours*, Vol.40, pp.5~82.

Holland, Thomas Erskine(1911), "Introduction," Richard Zouche, *Jus feciale*, J. L. Brierly trans., *Classics of International Law*, Baltimore, pp.i~xv.

Hommes, Hendrik van Eikema(1983), "Grotius on Natural and International Law," *Netherlands International Law Review*, No.1, pp.61~71.

Howland, Douglas R.(1996), *Borders of Chinese Civilization. Geography at Empire's End*, Duke University Press.

Hsü, Immanuel C. Y.(1960), *China's Entrance into the Family of Nations*, Cambridge, Mass..

Irie Keyshiro(1967), "The Principles of International Law and Confucianism," *Recuil des Cours*, pp.5~57.

Janis, Mark W.(1991), "Religion and the Literature of International Law: Some Standard Texts," Mark W. Janis ed., *The Influence of Religion on the Development of International Law*, The Hague, pp.61~84.

Jennings, Robert & Arthur Watts(1992) eds., *Oppenheim's International Law*, 2 vols., 9th edition, Oxford.

Jones, Christopher, P.(1999), *Kinship Diplomacy in the Ancient World*, Oxford.

Jones, F. C.(1936), *Foreign Diplomacy in Korea, 1866~1894*, Ph.D. Dissertation, Harvard University.

Keene, Edward(2002), *Beyond the Anarchical Society. Grotius, Coloni-*

alism and Order in World Politics, Cambridge.

Kingsbury, Benedict & Roberts, Adam(1990), "Grotian Thought in International Relations," H. Bull et als eds., *Hugo Grotius and International Relations*, London, pp.1～64.

Kleinheyer, Gerd(1976), 『トイツ法學者事典』, 蘇林孝輔 譯, 東京.

Knox, T. M.(1952), *Hegel's Philosophy of Right*, Oxford.

Lachs, Manfred(1982), *The Teacher in International Law*, The Hague.

Lackner, Michael et als, eds(2001), *New Terms for New Ideas. Western Knowledge and Lexical Change in Late Imperial China*, Leiden, Boston, Köln.

Lardy, C.(1895), "Notice sur M. Bluntschli," Bluntschli(1895), pp.v～xxxii.

Lauterpacht, Hersch(1945), "De Facto Recognition, Withdrawal of Recognition, and Conditional Recognition," *British Yearbook of International law*, pp.164～190.

______(1946), "The Grotian Tradition in International Law," *Britishi Yearbook of International Law*, 23, pp.1～53.

Lawrence, Thomas Joseph 勞麟賜(1885), *A Handbook of International Law*. Young J. Allen(林樂知) 번역, 『萬國公法要略』, 上海, 1902. 1906년 대구 廣文社에서 重刊. 金光濟가 중간하면서 붙인 追序가 있음.

Lawrence, William Beach(1855), "Introductory Remarks," in Wheaton (1855), pp.xiii～lxxxiv.

______(1868), "Notice sur M. Wheaton," in his ed., *Commentaire sur les élements ements du droit international et L'histoire des progrés du droit des gens*, Leipzig, pp.1～95.

Lehr, Ernest(1893), "Woolsey," *Revue de droit international et législation comparée,* tom 25, pp.84～85.

Leonard, Jane Kate(1984), *Wei Yuan and China's Rediscovery of the Maitime World*, Cambridge, Mass..

Lippert, Wolfgang(2001), "Language in the Modernization Process: The

Integration of Western Concepts and Terms into Chinese and Japanese in the Nineteenth Century," Michael Lackner et als, eds, *New Terms for New Ideas. Western Knowledge and Lexical Change in Late Imperial China*, Leiden, pp.57~66.

Liu, Lydia H.(1995), *Translingual Practice. Literature, National Culture, and Translated Modernity China, 1900~1937.*

_____ed.(1999), *Tokens of Exchange. The Problem of Translation in Global Circulation.*

_____(2004), *The Clash of Empires. The Invention of China in Modern World Making*, Cambridge, Mass..

Martens, Charles de(1832), *Le guide diplomatique.* 판본에 관해서는 본문 참조.

Molen, Gesina H. J. van der(1968), *Alberico Gentili and the Development of International Law*, Leyden.

Moreau-Reibel, Jean(1950), "Le droit de societé internationale et le 'jus gentium'," *Recueil des Cours*, tom 77, pp.482~595.

Needham, Joseph(1956), "Human Law and the Law of Nature in China and the West," in his *Science and Civilization in China* 2, pp.518~583.

Nussbaum, Arthur(1958), *A Concise History of the Law of Nations*, N.Y..

Nys, Ernest(1894), *Les origines du droit international*, Paris.

Pak, Boris D.(1971), "Russko-Koreiiskii dogovor 1884(1884년 러시아-조선 조약)," *Ocherki istorii Sibiri*, Vyp. 2(『시베리아 역사개설』, 제2집) Ministerstvo proveshcheniya RSFSR. Irkuskii gosudarstvennyi pedagogicheskii institut(러시아 공화국 문부성, 이루쿠스크 국립교육학연구소), Irkusk, pp.136~161.

_____(1974), "Kim Okkyun i Rossiya(김옥균과 러시아)," *Narodny Azii i Afriki*(『아시아와 아프리카 인민들』), No.3, pp.135~140.

_____(1979), *Rossiya i Koreya*(『러시아와 조선』), Moskva.

"The Grotian Tradition in International law," *British Yearbook of International Law*, XXIV, pp.1~53.

Rivier, Alphons(1873), "Bluntschli," *Revue de droit international et législation comparée,* tom 5, pp.294~295.

______(1878), "Bluntschli," *Revue de droit international et législation comparée,* tom 10, p.462.

______(1879), "Introduction to the Study of International Law(5th ed.) by T. D. Woolsey," *Revue de droit international et législation comparée,* tom 11, pp.654~655.

Saussy, Haun(2001), *Great Walls of Discourse and Other Adventures in Cultural China*, Cambridge, Mass..

Schmitt, Carl(1950), *The Nomos of the Earth*, 1950, 2003.

Scott, James(1934a), *The Spanish Origins of International Law. Francisco de Vitoria and His Law of Nations*, London.

______(1934b), *The Spanish Conception of International Law and of Sanctions*, Washington D.C..

Siu Tchoanpao 徐傳保(1926), *Le droit des gens et la chine antique*, partie 1: *les idees*, Paris.

_____(1937), *Traces of International Law in Ancient China*, Shanghai.

Spence, Jonathan(1969), *To Change China. Western Advisers in China*, London.

Suganami, Hidemi(1978), "A Note on the Origin of the Word of 'International'," *British Journal of International Studies* 4, pp.226~232.

Svarverud, Rune(2000), "Jus Gentium Sinense: The Earliest Chinese Translation of International Law with Some Considerations Regarding the Compilation of Haiguo Tuzhi," *Acta Orientalia*, 61, pp.203~237.

______(2001), "The Notion of 'Power' and 'Right' in Chinese Political Discourse," Michael Lackner et als, eds., *New Terms for New Ideas. Western Knowledge and Lexical Change in Late Imperial China*, Leiden, pp.125~146.

______(2004), "The Formation of a Chinese Lexicon of International

Law, 1847~1903," Lackner, Michael & Natascha Vittinghoff, *Mapping Meanings. The Field of New Learning in Late Qing China*, pp.507~536.

______(2007), *International Law as World Order in Late Imperial China. Translation, Reception and Discourse, 1847~1911*, Leiden, Boston.

Trelles, Camilo Barcia(1933), "Francisco Suarez," *Recueil des Cours*, pp.389~553.

Trevor-Roper, Hugh(1992), "Hugo Grotius and England," in his *From Counter Reformation to Glorious Revolution*, London, pp.47~82.

Truyol Serra(1987), "La conception de la paix chez Vitoria," Truyol Serra et als, *Vitoria et Grotius*, Paris.

______(1988), "Les principales étapes de la vie de Vitoria," Truyol Serra et als, eds., *Actualité de la pensée juridique de Francisco de Vitoria*, Bruxelles.

Tsien, Tsuen-Hsuin(1954), "Western Impact on China through Translation," *Far Eastern Quarterly*, May, pp.305~327.

Turner, Karen(1993), "War, Punishment, and the Law of Nature in Early Chinese Concepts of the State," *Harvard Journal of Asiatic Studies*, 53/2, pp.285~324.

Uzoigwe, G. N.(1988), "The Results of the Berlin West Africa Conference: An Assessment," Stig Forster et als, eds., *Bismark, Europe and Africa*, Oxford, pp.541~552.

Vermeulen, B. P.(1983), "Grotius' Methodology and System of International Law," *Netherlands International Law Review*, No.3, pp.374~382.

Verzijl, J. H. W.(1955), "Western European Influence on the Foundation of International Law," *International Relations*, I, pp.137~146.

Viraphol, Sarasin(1977), *Tribute and Profit: Sino-Siamese Trade, 1652~1853*, Cambridge, Mass..

Vollenhoven, C. van(1926), "Grotius and Geneva," *Bibliotheca Visseriana*, tom 13, pp.3~81.

Wang Tieya 王鐵崖(1990), "International Law in China: Historical and Contemporary Perspectives," *Recueil des Cours*, 1990-II, pp.199~369.

Wheaton, Henry(1836), *Elements of International Law*. 판본에 관해서는 본문 참조.

Widmer, Eric(1976), *The Russian Ecclesiastical Mission in Peking during 18th Century*, Cambridge, Mass..

Wills, John E. Jr.(1984), *Embassies & Illusions. Dutch and Portuguese Envoys to K'ang-hsi, 1666~1687*, Cambridge, Mass..

Wilson, George G.(1936), "Henry Wheaton and International Law," *The Classics of International Law, Elements of International Law*, pp.13a~19a.

Woolsey, Theodore D.(1860), *Introduction to the Study of International Law*, N.Y. 판본에 관해서는 본문 참조.

Xiong Yuezhi 熊月之(2001), "'Liberty', 'Democracy', 'President': The Translation and Usage of Some Political Terms in Late Qing China," Michael Lackner et als, eds., *New Terms for New Ideas. Western Knowledge and Lexical Change in Late Imperial China*, Leiden, pp.69~93.

Yang Lien-sheng(1968), "Historical Notes on the Chinese World Order," Fairbank, pp.20~33.

Zouche, Richard(1911), *Jus feciale*, J. L. Brierly trans., *Classics of International Law*, Baltimore.

찾아보기

인명

ㅂ

ㅅ

ㅇ

ㅈ

ㅊ

ㅋ

ㅌ

ㅍ

ㅎ

지명

사항